NOVO SINDICALISMO NO BRASIL:
histórico de uma desconstrução

EDITORA AFILIADA

Conselho Editorial da área de Serviço Social
Ademir Alves da Silva
Dilséa Adeodata Bonetti
Elaine Rossetti Behring
Ivete Simionatto
Maria Lúcia Carvalho da Silva
Maria Lucia Silva Barroco

Dados Internacionais de Catalogação na Publicação (CIP)
(Câmara Brasileira do Livro, SP, Brasil)

França, Teones
  Novo sindicalismo no Brasil : histórico de uma desconstrução / Teones França. — São Paulo : Cortez, 2013.

  Bibliografia.
  ISBN 978-85-249-2031-8

  1. Central Única dos Trabalhadores (Brasil) 2. Movimento trabalhista - Brasil - História 3. Relações de trabalho - Brasil 4. Sindicalismo - Brasil 5. Sindicalismo - Brasil - História I. Título.

13-04112   CDD-331.880981

Índices para catálogo sistemático:
1. Brasil : Sindicalismo : História social   331.880981

Teones França

NOVO SINDICALISMO NO BRASIL:
histórico de uma desconstrução

NOVO SINDICALISMO NO BRASIL: histórico de uma desconstrução
Teones França

Capa: Cia. de Desenho
Preparação de originais: Jaci Dantas
Revisão: Maria de Lourdes de Almeida
Composição: Linea Editora Ltda.
Assessoria editorial: Elisabete Borgianni
Editora-assistente: Priscila F. Augusto
Coordenação editorial: Danilo A. Q. Morales

Nenhuma parte desta obra pode ser reproduzida ou duplicada
sem autorização expressa do autor e do editor

© 2013 by Teones França

Direitos para esta edição
CORTEZ EDITORA
Rua Monte Alegre, 1074 – Perdizes
05014-001 – São Paulo – SP
Tel. (11) 3864-0111   Fax: (11) 3864-4290
E-mail: cortez@cortezeditora.com.br
www.cortezeditora.com.br

Impresso no Brasil — junho de 2013

Sumário

Lista de Tabelas 7
Agradecimentos 9
Introdução 11

PARTE 1
O sindicalismo brasileiro nos anos 1990 e as recentes transformações capitalistas

CAPÍTULO 1 Aspectos da reestruturação produtiva no Brasil   19

CAPÍTULO 2 Como o sindicalismo brasileiro reagiu às atuais transformações capitalistas 29

2.1 Sindicalismo e reestruturação produtiva no Brasil 29

2.2 Câmaras setoriais do complexo automotivo: exemplo de pragmatismo e propositivismo cutista frente às atuais transformações na produção 44

2.3 O *sindicalismo bem-feitor* cutista — um retorno ao assistencialismo 60

CAPÍTULO 3 O "sindicato cidadão": a face do *novo* sindicalismo nos anos 1990 69

3.1 A *nova cidadania* do final do século XX 69
3.2 *Nova cidadania* e sindicalismo cutista 75

PARTE 2

Sindicalismo e Estado no Brasil após 1988.
Uma crescente adesão à institucionalidade

CAPÍTULO 4 Sindicalismo e estrutura sindical no Brasil 89

4.1 Um pequeno histórico da estrutura sindical brasileira 89
4.2 *Novo* sindicalismo e estrutura sindical 103
4.3 A polêmica em torno do sindicato orgânico 128

CAPÍTULO 5 Sindicalismo no Brasil e institucionalidade: outros aspectos 137

5.1 Movimento sindical brasileiro e a Constituição de 1988 ... 137
5.2 Movimento sindical e pactos sociais após 1985 no Brasil . 152
5.3 CUT, governo FHC e reforma da Previdência 159
5.4 Sindicalismo brasileiro e relações internacionais 169
5.5 A utilização das verbas do FAT — a adesão total à institucionalidade 174

Considerações finais 183
Bibliografia e fontes 201
Referências bibliográficas 205

Lista de Tabelas

TABELA 1   Produtividade das montadoras do ABC paulista — 1988-1990 51

TABELA 2   Produtividade do setor de autopeças do ABC paulista — 1988-1997 51

TABELA 3   Número de sindicatos reconhecidos pelo Estado no Brasil nos anos 1930... 93

TABELA 4   Relação entre delegado de base e diretoria, presentes no 3º e 4º Concuts (em percentual) 130

TABELA 5   Recursos do FAT transferidos no período 1998-2000 às centrais sindicais e aos sindicatos de trabalhadores para qualificação profissional 180

Agradecimentos

Na capa deste trabalho, no campo referente ao autor, encontra-se apenas um nome. Além da pretensão em assinar sozinho uma obra, esse nome único deve-se à falta de espaço para incluir todos aqueles que, direta ou indiretamente, contribuíram para o desenvolvimento deste livro. Em razão disso, as parcas linhas abaixo procuram agradecer a algumas dessas pessoas sem as quais, muito provavelmente, nem o primeiro parágrafo seria escrito.

Em primeiro lugar, aos que dialogaram com o autor. Este livro é fruto de parte da tese de doutoramento que defendi há alguns anos na Universidade Federal Fluminense (UFF), lócus onde passei bons anos de minha vida e onde pude conviver e aprender com pessoas fantásticas. Talvez o maior aprendizado desse momento tenha sido transmitido pelo professor Marcelo Badaró, ao me indicar que era possível seguir a militância política de maneira paralela à vida acadêmica, ou até mesmo unir as duas atividades numa só. Agradeço-lhe muitíssimo pela paciência e pelas orientações nos sete anos de pós-graduação entre o mestrado e o doutorado.

Quando nos dedicamos com intensidade a algum trabalho, é porque o realizamos de maneira apaixonada e, logo, esse trabalho deixa de ter a conotação negativa à qual estamos acostumados, posto que seja de fato criador de coisas úteis à sociedade. Em minha concepção política, é necessário paixão pela temática para iniciar com afinco uma pesquisa acadêmica. Foi a paixão na crença de que é possível mudar a realidade que nos rodeia, a partir da práxis, que me trouxe até aqui – já que *não basta aos fi-*

lósofos interpretar o mundo, é preciso transformá-lo. Se agora este livro ganha uma edição, é porque acredito – mesmo que ingenuamente – que ao menos uma pequena parte de seu conteúdo possa contribuir para transformar socialmente o mundo, tornando-o mais justo e igualitário.

Não poderia deixar de agradecer também aos professores Ricardo Antunes, Gelson Rozentino, Ruy Braga e Virgínia Fontes pela participação na banca de defesa da tese de doutorado e por suas valiosas sugestões que em muito acrescentaram ao conteúdo das próximas páginas.

Contribuições valorosas também me foram ofertadas por aqueles que, mesmo sem saber e de maneiras diversas, permitiram a conclusão deste livro, por isso também merecem um agradecimento especial. A meus irmãos, especialmente ao Teo original, que enquanto eu escrevia essas mal traçadas linhas se ocupavam de uma tarefa muito mais nobre: cuidar amorosamente da pessoa mais importante de nossas vidas.

À Liliane Inozella e Claudia Nogueira, pela persistência em tentar convencer-me de que é possível continuar tentando enquanto os dados ainda estiverem rolando. São a prova cabal de que certas pessoas podem nos ser extremamente importantes independentemente do tempo cronológico em que convivam conosco.

À Judy, pelo amor, pela força e pela compreensão ao longo de tantos anos de *estrada* e, especialmente, por ser a companheira que escreveu comigo as poesias essenciais para que eu siga enfrentando a dura realidade de um mundo que pouco valoriza o trabalho criador de coisas socialmente úteis.

À Jade e Ian,
poesias que me explicaram muito da vida,
ao mostrarem, com suas simples presenças,
a possibilidade de sempre se manter a ternura.

A todos que seguem na contramão, lutando
por um mundo mais justo e mais igualitário.

Introdução

A partir do seu reerguimento no final dos anos 1970, o sindicalismo brasileiro passou a ser um tema estudado em demasiado pelo conjunto das Ciências Sociais, em que pese que a contribuição da História nessas análises tenha sido até então bastante diminuta. E, até pouco tempo atrás, se propor a estudá-lo era algo que muitos consideravam *chover no molhado*.

Mas, cerca de duas décadas após o fim daquilo que se tornou conhecido como *novo* sindicalismo, creio que seja extremamente oportuno revisitar este tema e analisá-lo à luz da sua experiência recente, buscando aprofundar certas razões que teriam ocasionado — de acordo com a grande maioria que se debruçou sobre este objeto — a sua crise a partir de fins dos anos 1980 e assim, quiçá, contribuir para indicar saídas que permitam, ao menos, amenizar tal crise, caso ela realmente seja fato ainda.

Esta foi a principal motivação que originou este trabalho. Portanto, ele não se propõe a meramente analisar um dado objeto em um determinado período histórico, mas pretende — e, com isso, corre racionalmente o risco de deixar alguns flancos abertos — ir ao passado tentar encontrar pistas para a explicação de indagações postas pelo presente para todos os que vivem a luta sindical.

Estudar a postura do sindicalismo brasileiro — com ênfase na CUT — nas últimas décadas justifica-se atualmente mais que nunca, pois entre os anos de 2002 e 2010 tivemos como chefe do governo brasileiro um ex-sindicalista — que talvez seja a principal expressão política dessa Central Sindical até hoje — e, a partir daí, passamos a observar, na prática, a oficialização de muitas das propostas debatidas por militantes vinculados a essa organização no período analisado neste trabalho. Além disso, parte do movimento sindical em nosso país debateu nos últimos anos a ruptura com a CUT e a fundação de outras Centrais Sindicais, utilizando como argumentos muitos aspectos analisados ao longo das páginas seguintes. Debate este que se sucedeu à concretização de tal ruptura, vide o surgimento da Central Sindical e Popular — Conlutas e da Central dos Trabalhadores e Trabalhadoras do Brasil (CTB).

Porém, é bom que se explicite desde já de qual sindicalismo iremos falar. Ainda vivemos no Brasil sob a égide de uma estrutura sindical estabelecida pela Era Vargas, onde permanece, ao menos em parte, a mentalidade de que ter um sindicato reconhecido pelo Ministério do Trabalho, e ser sindicalista, consequentemente configura-se um ótimo negócio. Milhares de sindicatos existem oficialmente em nosso país atualmente e muitos continuam sendo reconhecidos pelo Ministério diariamente. Com certeza, parcela desses sindicatos são *sindicatos de carimbo*, ou seja, só existem para pôr sua chancela em acordos com os patrões e também arrebanhar a renda advinda dos impostos sindicais.

É claro que tais *sindicatos de carimbo* estão contidos num universo maior que chamamos de sindicalismo brasileiro e, dessa forma, é impossível tratar do tema *sindicalismo* sem que se leve em consideração a existência de tais organizações sindicais. Elas são parte do debate, pois sua própria existência denota diversas considerações. No entanto, o que quero salientar de antemão é que quando a literatura especializada caracteriza a década de 1990 como uma década de crise do sindicalismo brasileiro, o faz tendo em mente aqueles sindicatos que conseguem minimamente organizar a sua categoria, a influencia e conseguem — quando assim desejam — mobilizar, ao menos, parte de sua base.

Enfim, a tão propalada crise de que se fala é a crise daquilo que ficou conhecido como *novo* sindicalismo, que de forma arrebatadora fez parte do cenário brasileiro nos anos 1980. E, sendo assim, é desse sindicalismo que irei tratar de agora em diante, o sindicalismo que se organiza no interior da Central Única dos Trabalhadores e, com menos ênfase, em seu *contraponto*, a partir da década de 1990, no interior da Força Sindical.

É necessário também destacar que essa análise refere-se exclusivamente à cúpula do sindicalismo brasileiro, ou seja, àqueles dirigentes — praticamente como um todo, organizados em correntes políticas — que dirigem seus sindicatos e assinam as teses que norteiam os encontros dessas instituições e das Centrais Sindicais. Portanto, trata-se de um estudo sobre os aspectos centralmente destacados pela bibliografia especializada que teriam originado a crise do sindicalismo brasileiro a partir de fins dos anos 1980, tendo como fontes principais as resoluções de congressos das Centrais Sindicais, os cadernos de teses das correntes políticas que constituem a CUT e publicados para os encontros dessa Central, além dos documentos de alguns sindicatos cutistas mais bem organizados.[1]

Certamente esse enfoque restringe nossas conclusões e este trabalho estará impossibilitado de responder categoricamente, por exemplo, se um dos aspectos que originaram a tal crise sindical foi a perda de referência dos sindicatos junto à classe trabalhadora brasileira. Um estudo que vise acompanhar mais de perto os trabalhadores, sindicalizados ou não, talvez possa apresentar resultados mais precisos quanto a essa questão.

Mesmo sem ter a intenção de entrar a fundo nesta seara, acredito que o trabalhador que pertence a uma categoria profissional onde haja um sindicato atuante — mesmo com todos os percalços que possam ter sido originados pela referida crise — tende a possuir um sentimento de pertencimento e de identidade em relação a seu sindicato muito maior que aquele que integra uma categoria em que o sindicato seja ausente.

Entretanto, tenho sim a intenção de comprovar certas hipóteses — nem todas necessariamente originais — as quais apresento desde já:

— Apesar de se mostrar sempre crítica ao "sindicalismo de resultados", a CUT[2] vai ao longo dos anos 1990 se aproximando de concepções que a princípio — mais precisamente no início dessa década — eram defendidas exclusivamente pelos sindicalistas da Força Sindical.

— As atuais transformações na produção capitalista, denominadas por muitos como reestruturação produtiva, influenciará o movimento sindical, tanto no Brasil quanto nos principais países capitalistas, e serão motivadoras de mudanças no perfil da classe

---

1. As fontes sindicais contidas no corpo deste trabalho foram encontradas no Arquivo da Memória Operária do Rio de Janeiro, na CUT-RJ, na CUT-SP, no Sindicato dos Metalúrgicos do ABC, no Sindicato dos Metalúrgicos de São José dos Campos e nos arquivos pessoais de militantes.

2. Adianto que ao longo do trabalho quando me referir à CUT de forma genérica estarei considerando a posição majoritária no interior da Central e, logo, deverá ser uma posição associada à sua corrente política dirigente ao longo de praticamente toda a história cutista, a Articulação. Por outro lado, quando utilizar o termo *cutistas* estarei, em grande medida, me referindo a aspectos compartilhados por todos os sindicalistas nessa Central.

trabalhadora e de estratégias sindicais. A CUT, no entanto, ao considerá-las como inexoráveis, as utilizará como álibi para corroborar posturas sindicais de menor enfrentamento com o capital.

— A estratégia sindical de intransigência diante do Estado brasileiro, adotada pela CUT em especial na primeira metade da década de 1980, se explica pelo caráter ditatorial desse Estado dirigido pelos militares até 1985. A partir desse ano, com o fim do regime militar, e com mais nitidez após a promulgação da Constituição de 1988, essa Central Sindical irá se adequando gradativamente à institucionalidade vigente, suavizando o seu discurso e a sua postura contra o Estado.

— O marxismo, e mesmo o leninismo e o pensamento gramsciano, são, em geral, empregados de forma muito própria pelas correntes cutistas, que demonstram, dessa forma, uma compreensão muito simplória de conceitos chaves desses pensadores, o que, em última instância, acaba por repercutir no momento da adoção da melhor tática política, adequada à conjuntura.

— O fim do *socialismo real* exercerá enorme influência sobre todo o sindicalismo brasileiro. No caso da Força Sindical, contribuirá para o seu aparecimento e abrirá mais espaço para as suas propostas. No caso da CUT, será um choque para todas as correntes, e não apenas para aquelas que defendiam tais regimes, muito em função da leitura que faziam daquelas sociedades.

— O resultado da influência de todos esses aspectos objetivos e subjetivos sobre a Central Única dos Trabalhadores é a sua adoção, ao longo da década de 1990, do que já se convencionou chamar de *sindicalismo cidadão*, a partir do qual passa-se a priorizar uma leitura da sociedade que enxerga todos como cidadãos, todos tendo seus direitos sem que necessariamente sejam iguais, em detrimento de uma leitura que se baseie num referencial da diferença entre as classes.

Para buscar atingir os objetivos propostos inicialmente e comprovar tais hipóteses, o trabalho foi recortado cronologicamente entre o ano de 1988 — ano da primeira Constituição após o regime militar, do terceiro congresso da CUT, que para muitos autores representa um ponto de inflexão para que esta passe a adotar uma postura que preze a concertação — e o ano 2000, que fechou o século XX e pode nos proporcionar uma visão bem mais ampla da década de 1990, centro de minha análise.

Está dividido em cinco capítulos que compõem duas partes centrais. A primeira trata do movimento sindical e das transformações capitalistas no Brasil ao longo da década de 1990. Inicia traçando algumas características das transformações na produção industrial brasileira buscando destacar certas semelhanças e diferenças com o processo nos países centrais. A partir de então são apresentadas as reações do nosso sindicalismo diante dessas transformações, dando ênfase inicialmente aos documentos da Central Única dos Trabalhadores. Verifica-se que, em um primeiro momento, na década de 1990, a CUT se mostra perplexa diante dessas transformações, mas critica fortemente o Estado neoliberal, que é visto não mais como aquele de viés autoritário típico do período do regime militar, mas ainda assim antidemocrático. A tendência nos anos seguintes será, para essa Central, uma defesa gradativa de um novo modelo de desenvolvimento para o Brasil que passe pelo que a maioria de sua direção chamará de "desenvolvimento com distribuição de renda". Tal processo a levará a se aproximar bastante da prática, antes criticada, da Força Sindical e a executar medidas de caráter assistencial e imediatista.

Já a segunda parte procura analisar o processo de institucionalização do *novo* sindicalismo a partir dos momentos finais dos anos 1980, verificando o posicionamento do movimento sindical cutista diante de processos, como: a Constituição de 1988; os chamados para compor pactos com o governo federal a partir de José Sarney; os acordos tripartites, como o acordo das montadoras, em 1992-1993; a manutenção de grande parte da estrutura sindical vigente desde o período de Vargas etc. Enfim, o capítulo tem como objetivo verificar detidamente como se deu a passagem de uma CUT que criticava incisivamente o Estado brasileiro para uma CUT tão adequada a este.

Em função da necessidade de restringir o tamanho deste trabalho para fins de edição, não será possível aqui analisar a influência do fim do chamado *socialismo real* sobre o *novo* sindicalismo. Tal análise foi feita na tese que deu origem a esta edição. Cabe aqui apontar que esse elemento subjetivo contribuiu de forma incisiva para a mudança de postura verificada no movimento sindical brasileiro nas duas décadas em que este trabalho se debruça.

Ao longo das páginas que se seguem aparece o resultado da pesquisa realizada, em especial, junto a quatro correntes cutistas que, a meu ver, correspondiam a grande maioria dessa Central no início dos anos 1990 e, acima de tudo, permite uma ampla visão daquilo que poderíamos considerar os campos da situação e da oposição naquela instituição.

Os capítulos deste trabalho trazem análises desses grupos sobre praticamente todos os temas analisados, já que um dos meus objetivos é expor a Central Única dos Trabalhadores, apresentando as suas divergências internas e demonstrando, assim, que ela não se trata, desde suas origens, de um corpo monolítico que age pelo consenso. Destaco, desde já, que essas divergências tornam-se menos visíveis a partir da segunda metade dos anos 1990, seja porque algumas correntes mudaram a sua concepção política ou porque a Central se burocratizou a tal ponto que estrangulou a democracia interna, que era uma de suas principais características no seu nascedouro. Os grupos analisados são: Articulação, CUT Pela Base, Convergência Socialista e Corrente Sindical Classista.[3]

Espero, assim, conseguir, ao longo das próximas páginas, debater a crise do sindicalismo brasileiro a partir dos aspectos objetivos, concretos, quantitativos; e dos aspectos subjetivos, teóricos, que pulula(va)m nas consciências dos dirigentes sindicais em nosso país ao longo dos anos 1990.

---

3. Apresento um pequeno histórico das quatro principais correntes internas da CUT pesquisadas, para facilitar o entendimento do leitor leigo, evitando que este se desoriente nessa *sopa de letras* que compõem o movimento sindical e político brasileiro.

— Articulação — Surge em meados da década de 1980 e domina, praticamente todo o tempo, as direções da CUT e do Partido dos Trabalhadores. Em um dado período, na CUT, passa a se denominar *Articulação Sindical*. Entretanto, ao longo deste estudo, não me preocuparei, na maioria das vezes, em destacar o termo *Sindical* quando me referir a esta corrente. As lideranças mais conhecidas dessa Central são oriundas desse grupo, como: Lula, Meneguelli e Vicentinho.

— Corrente Sindical Classista (CSC) — Em 1983, esse grupo preferiu seguir com a chamada Unidade Sindical para a Conclat, que daria origem, três anos depois, à Central Sindical Confederação Geral dos Trabalhadores (CGT) e, assim, não participou da fundação da CUT. No final dos anos 1980, contudo, apresentou discordâncias com a linha seguida pela CGT e aderiu à CUT. Ao longo dos anos 1990, passou gradativamente a ter uma prática político-sindical bastante próxima à Articulação — com quem compôs muitas vezes um campo majoritário na CUT —, apesar de fazer muitas críticas a esta corrente em seus documentos públicos. No campo político-partidário vinculava-se ao Partido Comunista do Brasil.

— CUT Pela Base (CPB) — Grupo formado na década de 1980 por vários agrupamentos petistas, como a Força Socialista e a Democracia Socialista, além de militantes que se afirmavam sem vínculos com correntes internas do PT. Em meados da década de 1990, se extinguiu, e a maioria que formava esse grupo fundou a Alternativa Sindical Socialista (ASS). Após o ano 2000, esse grupo se esfacelou.

— Convergência Socialista (CS) — Um dos grupos fundadores do PT, em 1980, a CS se identificava pelo mesmo nome no interior da CUT, assinando por vezes documentos como *Convergência Socialista Sindical*. Pouco tempo depois de sua expulsão do PT, ocorrida em 1992, a maioria desse grupo fundou a corrente Movimento por uma Tendência Socialista (MTS). No campo político-partidário, grande parte dos militantes ligados a este grupo sindical fundou o Partido Socialista dos Trabalhadores Unificado (PSTU), em 1994.

PARTE I

O sindicalismo brasileiro nos anos 1990 e as recentes transformações capitalistas

CAPÍTULO 1

Aspectos da reestruturação produtiva no Brasil

Não há consenso entre os diversos analistas que estudaram as recentes transformações na produção capitalista sobre o período em que elas teriam tido início no Brasil. A visão aqui adotada advoga que esse processo começou, pelo menos em relação às mudanças nas empresas, desde o final dos anos 1970, mas somente passou a ter impactos mais efetivos vinte anos depois. Seu início se caracteriza por um conjunto de mudanças que aconteceram de forma simultânea: a abertura de um grande processo recessivo em nossa economia, a "democratização política" e a crise do padrão de relações industriais vigentes no período do *milagre econômico*.[1]

De acordo com Paula Leite, três momentos distintos podem ser identificados nos vinte primeiros anos de reestruturação produtiva em nosso país. O primeiro, ocorrido no final dos anos 1970 e início dos 1980, seria caracterizado pela adoção em várias empresas dos

---

1. Cf. LEITE, Márcia de Paula. Reestruturação produtiva, novas tecnologias e novas formas de gestão da mão de obra. In: _____. *O mundo do trabalho, crise e mudança no final do século*. São Paulo: Cesit/Scritta, 1994.

Círculos de Controle de Qualidade, introduzidos logo após as mobilizações operárias do período com o intuito de desviar o ímpeto de participação política dos trabalhadores para a discussão e criação de aspectos que pudessem ser úteis às empresas, assim como constituírem uma alternativa de organização que contasse com maior controle gerencial.

Quando se tornou evidente o fracasso dessa estratégia, em função da resistência dos operários e das próprias empresas, estas começaram a aplicar outras técnicas inovadoras. Com isso teria despontado o segundo momento, que compreenderia os anos de 1984 a 1990, e seria caracterizado por uma rápida difusão dos aparelhos tecnológicos, muito embora também nessa fase as empresas já tivessem iniciado a busca por novas formas de organização do trabalho baseadas nas técnicas japonesas, como o *just in time*, a celularização da produção e outras.

Finalmente, no terceiro momento, iniciado na década de 1990, os esforços das empresas teriam se concentrado nas estratégias de organização do trabalho, influenciados pelo aprofundamento da crise econômica que reduziu o mercado interno, e pela política de liberalização de importações adotada pelo governo Collor de Melo, que as obrigou a melhorarem sua qualidade e produtividade para fazer frente à concorrência internacional.

Dessa forma, com mais de uma década de atraso, o Brasil tentava se ajustar aos mecanismos da economia internacional. Na década de 1980, quando os países centrais já viviam políticas de reestruturação produtiva, o Brasil continuava a seguir, em grande parte, os mesmos padrões de desenvolvimento adotados no período da industrialização por substituição de importações, sendo por isso, pelas altas taxas inflacionárias e baixas taxas de crescimento econômico, considerada por grande parte do empresariado nacional como uma *década perdida*.[2]

---

2. LEITE, Márcia de Paula. Reestruturação produtiva e sindicatos: o paradoxo da modernidade. In: _____ (Org.). *O trabalho em movimento: reestruturação produtiva e sindicatos*

Collor de Melo, em seu primeiro ano de mandato, em 1990, lançou o programa de reestruturação produtiva denominado Programa Brasileiro de Qualidade e Produtividade (PBQP), segundo o qual as empresas deveriam buscar um processo de gestão pela qualidade e produtividade, que seria, de acordo com a propaganda do governo, o único caminho para torná-las competitivas e concorrerem com as empresas dos países centrais.

Procurando ilustrar os objetivos do PBQP, Borges analisa os argumentos que serviram de justificativa para a instituição dessa política, presentes em um documento do governo federal intitulado "Exposição de motivos n. 171", assinado em 26/6/1990, pelos ministros da Justiça, da Economia e da Ciência e Tecnologia. De acordo com essa autora:

> Eles [os argumentos] demonstram, com clareza, que a reestruturação produtiva deveria ser o elemento fundamental de sintonia do país com as políticas neoliberais em curso no desenvolvimento internacional. Apelando para a necessidade de intervenção do Estado na modernização da indústria, esta é apresentada como estratégia de inserção do país "no contexto das economias mais desenvolvidas. [...]"
>
> Os aspectos referentes às formas de organização praticadas pelo chamado modelo japonês se tornaram, então, práticas institucionalizadas. O modelo japonês, que entre 1986 e 1990 aparecera de forma persistente, mas como resultado de experiências da iniciativa privada e limitado a alguns setores empresariais, passou a ser reconhecido como política industrial a ser implantada por intermédio do gerenciamento do Estado. Os conceitos como qualidade, produtividade, modernização, eficiência, mercado livre, entre outros, passaram a fazer parte do vocabulário governamental, eles foram contrapostos às formas produtivas adotadas pelos fabricantes das nossas "carroças",

---

no Brasil. Campinas: Papirus, 1997, p. 15-16. É de bom tom ressaltar que do ponto de vista da organização dos trabalhadores brasileiros essa década está longe de ter um balanço tão negativo, vide o surgimento das Centrais Sindicais, do Partido dos Trabalhadores e do Movimento dos Trabalhadores Rurais Sem-Terra.

comparação feita pelo presidente, aos carros produzidos no Brasil, frente aos dos concorrentes estrangeiros.³

O PBQP — que seguiu fazendo parte da estratégia governamental também com outros presidentes ao longo dos anos 1990 —, mais do que uma política, tratava-se de uma carta de intenções do Estado brasileiro apresentada aos empresários de todo o mundo, com a qual procurava-se afirmar que o país estava finalmente entrando na era da modernidade e postulava, dentro em breve, estar lado a lado com as principais potências capitalistas, que já adotavam essas medidas há pelo menos uma década e meia.

Os trabalhadores metalúrgicos da CUT viam, em seu congresso de 1992, esse programa, assim como outros postos em prática pelo governo Collor, como um modelo de relações de trabalho que negava o conflito entre o capital e o trabalho e que subordinava os interesses sindicais à elevação dos níveis de produtividade nas unidades industriais.⁴ Entretanto, apesar dessa visão crítica, a CUT aceitou convites para ocupar um assento em alguns desses programas de caráter tripartite, como veremos adiante.

As pesquisas que procuravam analisar o processo de reestruturação produtiva no Brasil sugeriam, como aponta Ramalho, que vinha ocorrendo uma versão abrasileirada das técnicas de implementação dos métodos japoneses ao longo da década de 1990. Alguns autores revelavam que empresas onde, por exemplo, estavam sendo implantados sistemas de manufatura celular e/ou *just in time*, trabalhavam com uma rígida divisão do trabalho e não davam autonomia aos operários na definição dos métodos de trabalho, ao contrário do que ocorria no modelo japonês. Outros chegavam até a propor chamar o processo de reestruturação das empresas no Brasil de *just in time taylorizado* porque a gerência tenderia a contro-

---

3. Borges, Célia Regina C. A atual reestruturação produtiva e as lutas sociais: enfrentando ideologias. *Lutas Sociais*, São Paulo, Neils, n. 6, p. 78-80, 1999.

4. *Caderno de Teses* e emendas do 2º Congresso Nacional dos Metalúrgicos/CUT, p. 5, mar. 1992.

lar a fábrica como uma máquina, numa estratégia que não exigiria envolvimento e compromisso e que resultaria em mais coerção e pressão sobre os trabalhadores.[5]

Essas análises têm como origem a tese defendida por grande parte da literatura especializada sobre esse processo em nosso país que percebia uma continuidade, ainda no início dos anos 1990, da postura conservadora, autoritária e pouco flexível do empresariado nacional para com os trabalhadores, apesar do esforço daquele grupo para modernizarem a sua produção e competirem em melhores condições com as empresas internacionais. Nessa análise, o Estado brasileiro, por sua vez, também contribuiria para dificultar o processo, ao impossibilitar relações de produção e de trabalho mais flexibilizadas e manter uma estrutura trabalhista e sindical ultrapassada.

Acredito que essa tese não se sustenta porque os métodos originalmente implementados na Toyota nada têm de democráticos e também possuem um viés autoritário como toda e qualquer relação de trabalho posta em prática no sistema capitalista. Além do mais, todas as iniciativas do governo brasileiro que objetivaram alterar aspectos na legislação trabalhista desde o final dos anos 1980 caminharam no sentido de reduzir direitos dos trabalhadores. Como comprovação disso temos que, de acordo com o IBGE, os empregados brasileiros com carteira assinada caem de 53,74%, em 1991, para 46,36%, em 1997.

É exatamente no que diz respeito à flexibilização do trabalho, uma das principais necessidades da reestruturação produtiva, que os governos Collor de Melo e Fernando Henrique Cardoso, de forma direta, mais contribuíram com o capital, proporcionando uma maior *subproletarização* dos trabalhadores brasileiros.

Cardoso, por exemplo, ao assumir a presidência em 1994, pregava a necessidade de se passar de uma fase estatal de desenvolvimento econômico para uma outra em que a sociedade pudesse

---

5. RAMALHO, José Ricardo. Precarização do trabalho e impasses da organização coletiva no Brasil. In: ANTUNES, Ricardo (Org.). *Neoliberalismo, trabalho e sindicatos*: reestruturação produtiva no Brasil e na Inglaterra. São Paulo: Boitempo, 1997, p. 87.

comandar as ações para combater a miséria, a fome e a marginalidade social. Parecia, à primeira vista, algo progressista, condizente com o seu passado de *intelectual de esquerda*, mas não passava de um discurso neoliberal, de defesa da ineficácia do Estado e de aposta na *mão invisível do mercado* para regular a e[in]stabilidade econômica. Defendia também que havia chegado a hora de pôr um fim à *Era Vargas*, o que, para a infelicidade da classe trabalhadora, não significava acabar com a forma despótica com a qual as organizações dessa classe são tratadas desde Getúlio, mas sim entregar ao capital privado — em grande maioria internacional — as empresas estatais que a incipiente burguesia brasileira dos anos 1930-40 foi incapaz de construir por se tratar de um investimento de alto risco. Acabar com a *Era Vargas* significava também extinguir de vez o já bastante reduzido *estado de bem-estar social* que tivemos por aqui, pois a flexibilização do processo produtivo necessita da flexibilização dos direitos do trabalhador, o que implica, no caso do Brasil, desmontar a Consolidação das Leis do Trabalho (CLT) e retirar da Constituição aprovada em 1988 o pouco que se incluiu de direitos trabalhistas.

A burguesia brasileira, obviamente, era a formuladora desse discurso e dessas ações, utilizando como um dos principais argumentos o elevado valor da mão de obra em nosso país, não em razão dos salários, mas em virtude dos encargos sociais sobre eles aplicados. É o chamado *custo Brasil* que reduziria a competitividade do produto nacional diante da concorrência internacional, diminuiria também os lucros do capital e, consequentemente, aumentaria o desemprego no país. Entretanto, estudos do Dieese mostraram que os encargos sociais no Brasil, ao longo dos anos 1990, estavam dentro dos padrões internacionais e, assim, o que realmente interessa em uma análise como esta não é o percentual de encargos, mas o custo total da força de trabalho, ou melhor, a soma dos salários com os encargos. Nesse caso teríamos que:

> o custo médio da mão de obra no Brasil de US$ 2,68 por hora, no setor manufatureiro, é um dos mais baixos do mundo, segundo a

OIT. Inferior, por exemplo, aos US$ 24,87 na Alemanha, US$ 19,8 na Holanda, US$ 16,91 no Japão, US$ 16,4 nos Estados Unidos, US$ 11,7 na Espanha, US$ 4,63 em Portugal, US$ 4,21 em Hong Kong, além de outros países de menor porte econômico.[6]

Percebemos, com esses números, que o propalado *custo Brasil* não existe, já que os gastos dos empresários com manutenção de mão de obra em nosso país são irrisórios se comparados a outros países, e isso, inclusive, é um dos fatores que tornam o nosso país tão atraente para o capital internacional.

Os governos brasileiros dos anos 1990 tiveram, assim, uma enorme importância para o capital, por reformar o Estado, dando-lhe uma face mais neoliberal, buscando reduzir ao máximo os seus gastos sociais e enxugando a sua participação em diversos setores da economia.

Encontrando um respaldo, em certo sentido, óbvio, entre a classe dominante no nosso país, o neoliberalismo, de acordo com Boito Jr., contou com o apoio da parcela superior da classe média — que era contra a universalização dos direitos sociais no Brasil — e também teve uma importantíssima base social de apoio junto aos trabalhadores de baixa renda — a despeito dessa política contrariar diretamente os seus interesses mais elementares.[7] O autor explicita melhor a sua hipótese:

> ao longo da história republicana acumulou-se uma revolta popular instintiva e difusa contra a cidadania "restrita" e "hierarquizada" e contra o Estado clientelista, e essa revolta converteu-se, por mecanismos bastante complexos, em base de apoio para a ofensiva neoliberal. O neoliberalismo "confiscou" essa revolta difusa e a dirigiu para o objetivo de construção de um "Estado mínimo" no Brasil. Transformou a revolta contra o caráter excludente e desigual da cidadania e contra

---

6. CAVIGNATO, Osvaldo R. et al. *Globalização e setor automotivo*: a visão dos trabalhadores. Sindicato dos Metalúrgicos de São Bernardo do Campo. CUT/Dieese, p. 24-30, ago. 1996.

7. BOITO JR., Armando. Neoliberalismo e relações de classe no Brasil. *Revista Ideias*, Campinas, CUT, Unicamp, ano 9, n. 1, p. 26-33, 2002.

o clientelismo em base de massa para a política de redução da cidadania e dos serviços públicos e sociais.

A cidadania liberal teria sido posta em prática no Brasil de forma restrita e excludente a ponto de se criar um Estado clientelista que favorece poucos e acabou por gerar uma "revolta popular", mesmo que "instintiva", que desembocou no apoio a certas medidas neoliberais, em especial as que propugnavam a diminuição do Estado e a diminuição dos "privilégios" do funcionalismo público.

O apoio que parte da classe média, setores do operariado, maioria dos desempregados e autônomos deram ao neoliberalismo em nosso país apareceu de maneiras diferentes, seja através das eleições presidenciais ocorridas entre 1989 e 1998, depositando o voto nos candidatos que defendiam essa política, até a ações mais organizadas de uma Central Sindical, como a Força Sindical (FS), que não à toa tem a sua base localizada especialmente nos sindicatos de trabalhadores do setor privado, que não possuem direito à aposentadoria integral e à estabilidade no emprego e ainda são usuários dos precários serviços públicos de saúde e educação.

A CUT, por sua vez, desde o início da década de 1990 teve um discurso e uma ação bastante críticos em relação ao neoliberalismo. É o que demonstra um pequeno trecho da tese da corrente majoritária, Articulação, para o congresso de 1991:

> Quanto às reformas estruturais, o governo [Collor] vem adotando o receituário neoliberal. Os pacotes de política industrial, de comércio exterior e de política agrícola favorecem a transnacionalização e a desregulamentação do mercado em benefício do grande capital [...] O combate ao projeto neoliberal assume importância na superação da crise brasileira. A capacidade dos trabalhadores de promover amplas mobilizações de massa, para assegurar seus direitos no plano imediato e intervir nos assuntos de caráter nacional, é vital para melhorar suas condições de vida e para a formulação de uma alternativa classista de transformação da sociedade brasileira.[8]

---

8. Teses para o 4º Concut, p. 95, 1991.

Observamos que a maioria cutista já analisava em 1991 que o Estado brasileiro começava a possuir um caráter diferente daquele do período ditatorial, mas, a princípio, igualmente nefasto, favorecendo a desregulamentação do mercado e as transnacionais. Entendiam ainda que a melhor maneira para os trabalhadores enfrentarem esse Estado era adotando, prioritariamente, a tática do conflito, promovendo "amplas mobilizações de massa".

CAPÍTULO 2

Como o sindicalismo brasileiro reagiu às atuais transformações capitalistas

2.1 Sindicalismo e reestruturação produtiva no Brasil

No seu livro-programa, editado em 1993, a FS apresentava nitidamente a sua posição frente ao processo de reestruturação produtiva que passava a ser implementado com mais ênfase no Brasil:

> São fundamentalmente dois os objetivos maiores da reestruturação econômica: 1) elevar os níveis de produtividade e os padrões de qualidade da produção nacional, incorporando métodos mais modernos de gestão [...] ampliar a capacidade de geração e incorporação de novos produtos e processos produtivos e promover a especialização da produção nacional, com ênfase em áreas nas quais possam ser geradas vantagens comparativas importantes, de modo a permitir a inserção competitiva do País na nova ordem mundial. 2) criar condições para a elevação consistente do padrão de vida da população brasileira, sem prejuízo do equilíbrio macroeconômico e dos níveis de eficiência do sistema produtivo. A propósito, é preciso notar que, pela primeira vez na história, a melhoria dos níveis de vida dos tra-

balhadores representa não apenas uma meta do desenvolvimento, mas em larga medida condição para que ele se realize [...] o crescimento medíocre da produtividade da indústria nos últimos 15 anos cria, por sua vez, barreira ao crescimento dos salários, que terminam por pressionar os preços nos setores nos quais os trabalhadores têm maior poder de barganha e os empresários estão menos expostos à concorrência.[1]

A lógica de toda essa análise está baseada na visão empresarial a respeito da reestruturação produtiva. A elevação dos níveis de produtividade e dos padrões de qualidade são percebidos como uma medida do capital para reduzir custos e eliminar a má utilização de recursos, porém, antes de serem associados ao aumento dos lucros e a prejuízos para os trabalhadores, são vistos como algo positivo que permitirá ao Brasil se inserir na competitiva nova ordem mundial.

Esse novo padrão de produção permitiria, até mesmo, *"a melhoria dos níveis de vida dos trabalhadores"*, que teriam seus salários elevados e, por conseguinte, não pressionariam os preços para baixo nos setores onde tivessem maior poder de barganha. Ou seja, elevar a produtividade seria benéfico para patrões e trabalhadores.

No caso da CUT, o termo reestruturação produtiva só começa a aparecer em seus documentos a partir de 1992. Mas, desde 1986, é possível verificar a preocupação de seus dirigentes quanto a um dos principais elementos desse processo: a automação. Nas resoluções do segundo congresso, é apontada a preocupação com essa questão e buscam-se alternativas: "a modernização tecnológica [...] tem gerado uma situação de desemprego crescente, desqualificação da força de trabalho, aprofundamento da política de controle e dominação no interior das fábricas e deterioração das condições de

---

1. *Um projeto para o Brasil*: a proposta da Força Sindical. Coordenação geral da Força Sindical. São Paulo: Geração Editorial, 1993, p. 54-55. Nesse livro-programa da Força, trabalharam mais de 40 cientistas sociais, que foram coordenados pelo engenheiro e economista Antônio Kandir, que integrou a equipe econômica chefiada por Zélia Cardoso, no início do governo Collor.

trabalho". A partir dessa análise, salienta-se que "a CUT deve promover o estudo em um posicionamento político aprofundado sobre a questão da automação".[2]

Dois anos depois, ainda sem promover uma avaliação a respeito do processo de reestruturação, a visão da maioria da Central sobre o avanço tecnológico modifica-se a ponto de apresentar a crença na possibilidade da automação vir a ser utilizada em benefício dos trabalhadores no interior do sistema capitalista. As resoluções do terceiro congresso afirmam que "as dificuldades e prejuízos sociais que os trabalhadores estão encontrando com a implantação das novas tecnologias não são decorrentes do progresso da ciência e da tecnologia. São o resultado direto da utilização que os patrões e as grandes empresas transnacionais estão fazendo do progresso tecnológico". Dessa forma, abria-se uma porta que permitia a conclusão de que o progresso científico poderia ter como beneficiário no capitalismo outra classe que não exclusivamente a dos patrões, bastando, para isso, "o controle dos trabalhadores sobre as inovações e a produção, através da luta e negociação sobre as decisões de investimento e seus desdobramentos". Isso permitiria que a automação e os novos processos produtivos abrissem grandes possibilidades para a Humanidade, reduzindo o tempo de trabalho ou eliminando trabalhos degradantes.[3]

Um dos aspectos que tornam essa análise pouco real é a crença de que os trabalhadores possam chegar ao controle sobre as técnicas científicas dentro do capitalismo, esquecendo-se os mais de duzentos e cinquenta anos de história desse sistema, em que a ciência e a tecnologia estiveram sempre, prioritariamente, em prol do capital. A lógica da maioria da direção cutista, que ficará mais nítida nos textos dos anos 1990, é a de que o problema não era o avanço tecnológico, mas a utilização usurária que as grandes empresas faziam dele. A solução seria então uma participação mais efetiva dos trabalhadores nas discussões sobre o uso das inovações tecnológicas.

---

2. Resoluções do 2º Concut, p. 22, 1986.
3. Resoluções do 3º Concut, p. 34, 1988.

Na verdade, em fins dos anos 1980, a maioria da direção da CUT já esboçava a sua proposta de reforma para o país, que veio, ano após ano, se tornando mais rebuscada e, por conseguinte, se aproximando bastante da posição defendida pela FS que lemos antes. As correntes opositoras à Articulação, ao que parece, ainda não percebiam isso e o máximo que conseguiam enxergar nesse processo era uma política de conciliação de classes da Articulação.

Em 1991, a corrente majoritária apresentava, com um pouco mais de detalhes, o que ela mesma chamaria de uma proposta baseada no "desenvolvimento com distribuição de renda":

> Avançar na articulação com os setores democráticos e populares para aprofundar a democracia, construindo coletivamente uma nova hegemonia e formulando uma alternativa de desenvolvimento com distribuição de renda. Nesse sentido, devem ser incorporados ao cotidiano da luta sindical temas como a defesa do direito à cidadania, o combate aos preconceitos, a busca de novos padrões de comportamento, a defesa do meio ambiente e da qualidade de vida, entre outros.[4]

Assim, para a Articulação se o Estado autoritário militar ficou para trás, era necessário se aproximar dos "setores populares" para "aprofundar a democracia". A postura propositiva também já está sobressaindo através do chavão "desenvolvimento com distribuição de renda", o que demonstra que a perspectiva socialista, se não havia sido ainda abandonada dos textos cutistas, permanecia meramente como referência tradicional, pois a preocupação central a partir de então seria apenas reformar o capitalismo.

O chamado "sindicalismo cidadão" — que será mais bem analisado à frente —, que se tornará mais conhecido nas políticas da Articulação a partir da metade dos anos 1990, já está em 1991 esboçado com a ideia de ampliação de novos temas à luta sindical. Isso

---

4. Teses para o 4º Concut, p. 92, 1991.

será mais visível no sexto congresso, em 1997, que terá como um dos lemas a frase "cidadania para todos" — em que o texto da direção nacional, que norteará o encontro, abordará, além dos tópicos corriqueiros como conjuntura, balanço e estratégia, os seguintes aspectos: meio ambiente, Aids, questão racial, mulher, juventude, criança e adolescente, educação e política de habitação.

Em 1994, nas resoluções congressuais, a proposta reformista de desenvolvimento da maioria da direção da CUT fica mais explícita e já demonstra total complacência com a reestruturação produtiva. Sob o subtítulo "reestruturação produtiva com desenvolvimento econômico e social", lemos nesse documento as seguintes afirmações:

> A busca de um novo modelo de desenvolvimento deve ter como objetivo central a incorporação plena dos trabalhadores e dos marginalizados à vida econômica e social. Para isso deve ser enfrentada a questão da reestruturação produtiva na indústria e na agricultura [...].
> Como diretriz geral, a reestruturação deve pautar-se pela dimensão social da política industrial, educacional, agrícola e agrária, de pesquisa e desenvolvimento de comércio exterior e de fortalecimento e ampliação do mercado interno [...] Devemos disputar as ideias de "qualidade e produtividade", partindo de uma perspectiva da qualidade de vida e trabalho para as maiorias [...]. Para isso, é preciso elevar os índices de produtividade, mas com base em investimentos, principalmente públicos, em educação, em conhecimento técnico, em saúde, em tecnologia e em pesquisa...[5]

Se a reestruturação produtiva era inevitável, a proposta apresentada teria como intuito então tentar melhorá-la, para que pudesse se tornar mais favorável ao trabalhador, mas para isso propunha-se desenvolver o mundo da produção e distribuir de maneira mais democrática os frutos desse processo. Com a experiência das câmaras setoriais do complexo automotivo, em 1992-1993 — como

---

5. Resoluções do 5º Concut, p. 16-17, 1994.

veremos —, essa análise se fortalece, enfatizando-se a ideia de que os conflitos entre capital-trabalho são inegáveis, mas são dois setores que poderiam sair ganhando se a produção fosse aumentada e se os lucros fossem mais bem distribuídos. Essa análise realizada pela maioria da direção da CUT, em certo sentido, em muito se assemelhava ao discurso proferido por Collor de Melo logo que assumiu a presidência em 1990, ou seja, para que as empresas brasileiras concorressem de igual para igual com as estrangeiras, era preciso que se reestruturassem, e se isso fosse feito aumentar-se-ia a produtividade e reduzir-se-iam os problemas de desemprego e a diminuição na renda do trabalhador. A proposta passa também pela *humanização* dos empresários. Anacronicamente, é proposto um *novo desenvolvimentismo*.

No congresso de 1997, fica nítido que a maioria da direção dessa Central entregava-se cada vez mais às regras do jogo impostas pelo capital. Em texto apresentado ao congresso por essa maioria, reafirma-se a posição de que a CUT deveria ter uma política de influir na reestruturação, propondo ao país um novo modelo de desenvolvimento que se sustentasse na elevação da produtividade industrial, aumento do mercado interno, desenvolvimento do comércio exterior e investimento do Estado.

Quanto aos avanços tecnológicos, algumas mudanças foram incorporadas à análise feita em 1988. Nove anos depois, a direção majoritária da CUT continuava a afirmar que a Central não poderia se opor à inovação tecnológica ou à modernização industrial, pois elas poderiam trazer valorização do trabalho e redução das desigualdades sociais, de renda, regionais e culturais, mas era preciso que se reconhecesse "que a crescente incapacidade do setor produtivo em gerar empregos [...] não se dev[ia] somente à crescente difusão das inovações tecnológicas e ao reduzido crescimento econômico", porque também estava associada ao fato "de que uma parcela significativa desse setor produtivo não tem sido capaz de se reestruturar e modernizar".

Por isso, a tese propõe que "a atitude sindical frente à reestruturação produtiva e à modernização tecnológica dev[eria] ultrapassar os preceitos da aceitação passiva ou da recusa a qualquer iniciativa das empresas em promover mudanças". E mostra como justificativa que "as experiências internacionais, nacionais e históricas têm revelado que a opção pela recusa à inovação não tem resultado em conquistas para os trabalhadores e muito menos em fortalecimento e maior representatividade dos sindicatos".[6]

Nas resoluções desse congresso, percebe-se um aprofundamento nessa análise, e a lógica do sindicalismo propositivo se torna muito nítida. Sob o título "propostas da CUT para política industrial, geração de emprego e renda", a maioria dirigente dessa Central faz afirmações, como:

> *A elevação da produtividade industrial deve resultar em benefício social* e não em demissão em massa de trabalhadores e crescente precarização e informalização do mercado de trabalho. Para tanto, são essenciais a ampliação dos investimentos em educação, pesquisa científica, tecnologia e formação profissional [...] *essas políticas devem estar subordinadas aos objetivos de geração de empregos, distribuição de renda* e fortalecimento da estrutura produtiva e a preservação do meio ambiente. Isso requer a adoção de políticas setoriais e uma ação do Estado no sentido de orientar e facilitar os investimentos nos setores produtores de bens de consumo de massa e intensivos de mão de obra [...] *A abertura externa, para cumprir um papel positivo para o país* e contribuir para a modernização e reestruturação *com justiça social*, deve ser realizada de forma gradual, seletiva, e vir acompanhada por políticas de desenvolvimento [...] que sejam capazes de modernizar os setores, antes de concluir-se pela sua franca exposição à concorrência internacional. [...] Essas diretrizes de políticas de desenvolvimento, orientadas a gerar empregos e renda, exigem ações sindicais concretas nas seguintes direções: *pressionar o governo* [...] a reorientar a política econômica direcionando-a *à promoção do crescimento econômico com equidade social*, ambiental e regional. O recente desemprego no país deve-se, em grande medida, às medíocres taxas de crescimento dos últimos anos...[7]

---

6. Texto da direção nacional para o 6º Concut, p. 22, 1997.

7. Resoluções do 6º Concut, p. 42-43, 1997; grifos meus. Disponível em: <www.cut.org.br>.

A citação é longa, mas bastante elucidativa quanto à acomodação cutista frente às recentes transformações na produção capitalista, buscando apenas minorar os seus efeitos negativos para os trabalhadores, já que se tratava de um processo inexorável. Muito próxima à postura adotada anos antes pela FS, a maioria dos dirigentes da CUT deixava claro que a elevação da produtividade poderia ser benéfica para os trabalhadores, desde que não tivesse como consequência as demissões em massa e a precarização do trabalho. No entanto, sabemos que a história do capitalismo demonstra que elevação de produtividade associa-se à diminuição de custos e, consequentemente, a aumento do desemprego. Entretanto, ao que tudo indica, a crítica da maioria na cúpula cutista dizia respeito às demissões em massa e não meramente a demissões em pequena quantidade e, assim, estas poderiam ser até aceitáveis e naturais.

Da mesma forma que a FS, a CUT preocupava-se, a partir de então, com o crescimento de setores produtivos — sem excluir, em nenhum momento, os grupos privados — através de políticas de desenvolvimento estatais que propiciassem a esses setores concorrer em pé de igualdade com empresas internacionais. Isso contribuiria para a diminuição do desemprego e, consequentemente, melhor distribuição de renda e justiça social. No entanto, o texto analisado nos dá pouca informação do que tais sindicalistas entendiam por justiça social, mas é praticamente certo que a única justiça em que acreditassem — e almejassem —, naquele momento, fosse a que se restringisse às fronteiras do capitalismo.

Assim, a proposta do *novo desenvolvimentismo* cutista se colocava em sua plenitude: mais investimento do Estado no setor produtivo geraria mais emprego, que, por sua vez, elevaria a renda *per capita* e, logo, aumentaria a produtividade e tudo isso promoveria o tal "crescimento econômico com equidade social".

Ao entrar nesse debate, a Corrente Sindical Classista (CSC) fazia duras críticas à Articulação, muito embora fizesse parte do círculo de alianças desta. Primeiro, acreditava que "é preciso evitar qualquer tipo de determinismo tecnológico, que enxerga os efeitos perversos [da reestruturação produtiva] como algo inexorável". E, logo em seguida, afirmava que "não se trata de recusar ou negar as inovações tecnológicas, mas sim de lutar contra a lógica que o capital imprime a esse processo".[8]

Para a corrente Movimento por uma Tendência Socialista (MTS), a linha política que o grupo majoritário empreendia à CUT era equivocada e tinha contornos de parceria com o capital. A estratégia contra a reestruturação deveria estar centrada na construção da resistência dos trabalhadores, pois "não há uma reestruturação 'boa' e uma 'ruim'". Para essa corrente, "a essência dessas transformações produtivas se baseava em ataques violentos ao nível de vida dos trabalhadores e às suas organizações", portanto, a defesa dos direitos dos trabalhadores seria incompatível com uma estratégia de parceria.[9]

Esforçando-se em resgatar a tradição e a teoria marxistas, o MTS aprofundava essa ideia à luz da história. Assim, observava que fazer uma análise em que se dicotomize a reestruturação produtiva em aspectos positivos e negativos só é possível para aqueles que acreditam que não há mais alternativa além do capital. No século XIX, quando o capitalismo realizou a segunda revolução industrial, em que pese a exploração que sofria o proletariado, esse sistema permitia incorporar uma grande parcela da humanidade às suas conquistas no campo da medicina, educação, meios de transporte etc., o que deixava "como única ação possível do proletariado" o combate aos "efeitos negativos", como a jornada de trabalho e a restrição do direito ao voto. Entretanto, para essa corrente, do ponto de vista dos trabalhadores, essa estratégia não deve mais ser colocada em pauta porque, na atualidade, o capitalismo, para continuar existindo ameaça constantemente a civilização.[10]

Ainda na visão dessa corrente, ampliar o mercado interno a partir da produção de "bens de consumo de massa", como propunha a Articulação, era uma falácia porque o único processo que

---

8. Propostas de emendas ao Texto da Direção Nacional ao 6º Concut, p. 43, 1997.

9. Textos para a 8ª Plenária Nacional da CUT, p. 45, 1996.

10. *Caderno de Teses*, 9º Congresso Estadual da CUT-RJ, p. 31, 1997. Os próximos três parágrafos também dizem respeito a essa tese do MTS, p. 32-37.

podia gerar o desenvolvimento de algum país dentro do sistema capitalista seria a produção de bens de capital, "mas o lugar reservado para o Brasil na nova divisão internacional do trabalho fruto da globalização, tend[ia] a tornar esse setor da indústria completamente controlado e subordinado aos grandes oligopólios".

A posição do MTS, porém, era cada vez mais minoritária no interior da CUT e a lógica da política propositiva do "desenvolvimento com distribuição de renda" era a que ganhava, ao final das contas, a chancela da CUT.

No bojo desse debate, como medida para democratizar as relações entre capital e trabalho no Brasil, a Central passa a propor a participação dos trabalhadores em fóruns tripartites com o governo e os patrões nos quais seria mais fácil influir no processo de reestruturação produtiva, fazendo com que este trouxesse benefícios para os trabalhadores. Além da já citada câmara setorial do complexo automotivo, os cutistas participaram também de vários fóruns correlacionados às políticas industrial e tecnológica, dentre os quais: Programa Brasileiro de Qualidade e Produtividade (PBQP), Estudo de Competitividade da Indústria Brasileira, Conselho Nacional de Informática e Automação, Instituto Brasileiro de Qualidade e Produtividade (IBQP) e Mercosul.

De acordo com o texto sobre a reestruturação, assinado pelo Grupo de Trabalho responsável por analisar esse processo, em 1995, "nesses espaços institucionais, a participação da CUT em vários momentos conseguiu inibir posturas empresariais e governamentais mais truculentas". Além do mais, essa participação estaria ajudando na obtenção de informações sobre as políticas de empresários e governos e sobre o andamento da reestruturação, mas não tinham conseguido "ainda, fazer com que essa participação se combinasse com a conquista de instrumentos para exercer uma 'influência legal' sobre a reestruturação produtiva".[11]

Posição bem diferente era novamente apresentada pela corrente interna cutista MTS, a qual acreditava que a Central deveria se

---

11. Textos para a 7ª Plenária Nacional da CUT, p. 24, 1995.

retirar de todos os órgãos e instituições que visassem a implantação da reestruturação produtiva, como, por exemplo, o IBQP. Este, na visão do MTS, "nada mais é[ra] do que um instituto criado pelo governo para impulsionar e apoiar a implantação da reestruturação neoliberal nas empresas". Esse debate, como outros, estava no contexto da polêmica entre a Articulação Sindical e as correntes opositoras que se julgavam à esquerda daquela, a respeito da caminhada da corrente majoritária e, consequentemente, da CUT, para a lógica da conciliação de classes. Assim, o MTS conclui: "políticas como essas [participar do IBQP] se inscrevem dentro de uma concepção de parceria, e não de luta contra essa política patronal".[12]

O pragmatismo, que deu origem ao *"sindicalismo de resultados"* de Medeiros e da FS, a partir de meados da década de 1990, deixou de ser exclusividade dessa Central e passou a ser adotado como tática também pela CUT. Assim, as duas Centrais, antes tão distantes em termos ideológicos e práticos, pelo menos neste último aspecto se tornaram mais próximas. Não é mera coincidência que essa mudança de atitude dos cutistas começou a se dar em paralelo à divulgação da ampliação, ao menos aparentemente, da Central de Medeiros na década de 1990, quando esta passava a conquistar mais sindicatos.

O *peleguismo* da FS, que era uma das principais críticas feitas pelos sindicalistas da CUT a essa Central, é de certa maneira difícil de ser comprovado, por exemplo, se utilizarmos como parâmetro o quantitativo de greves. Trópia, observando de forma mais detida a FS, constata que de 1991 a 1999 foram organizadas, em média, 65,8 paralisações ao ano no Sindicato dos Metalúrgicos de São Paulo, principal base dessa Central. Foram, em geral, greves por empresas, o que não impediu que nesse período fossem organizadas nove greves de todos os metalúrgicos paulistas e que a Central participasse de uma greve geral, em 1996, que tinha o emprego como principal reivindicação.[13] Como apoio a esta lógica, é possível

---

12. Textos para a 8ª Plenária Nacional da CUT, p. 45, 1996.

13. TRÓPIA, Patrícia Vieira. A adesão da Força Sindical ao neoliberalismo. *Revista Ideias*, Campinas, CUT/Unicamp, ano 9, n. 1, p. 162, 2002.

observar um estudo de Cardoso em que este demonstra que na gestão de Medeiros à frente do Sindicato dos Metalúrgicos de São Paulo entre 1986 e 1989 — quando ainda era vinculado à CGT — houve uma eficácia na conquista das reivindicações: em 1986, apenas 9,3% das reivindicações não tinham sido atendidas; em 1987, somente 2,1%; em 1988, 3,5%; e em 1989, pelo menos 95% das reivindicações foram atendidas.[14]

Não tenho aqui a intenção de suscitar que a CUT nos anos 1990 era mais *pelega* que a FS nem tampouco superestimar a tática fragmentadora desta de realizar greves por empresas. Quero simplesmente destacar que os números apresentados acabaram aumentando a dificuldade em diferenciar as duas Centrais justamente num momento em que não era tão visível aquilo que havia sido marca do sindicalismo cutista ao longo da década de 1980: a combatividade expressa sob a forma de um alto número de greves e que o distinguia das Centrais rivais.

Dessa forma, as greves por categorias, uma das principais características do *novo* sindicalismo cutista na década de 1980, começaram a desaparecer também das táticas dessa Central na década seguinte, fortalecendo a prática da FS de fragmentar os trabalhadores, possibilitando às empresas maiores e mais bem organizadas melhores resultados nas negociações com os patrões, o que, por sua vez, acabava por fortalecer o discurso liberal da livre negociação.

Um grande exemplo da adesão da CUT ao pragmatismo sindical é a política empresarial da participação nos lucros e resultados. Se a FS desde o seu congresso de fundação defendia tal política, como podemos observar em seu livro-programa — "novos mecanismos de atuação devem ser colocados à disposição dos envolvidos,

---

14. CARDOSO, Adalberto Moreira. *A trama da modernidade*: pragmatismo sindical e democratização no Brasil. Rio de Janeiro: Revan/Iuperj/Ucam, 1999, p. 161. É preciso salientar que as reivindicações apresentadas, nesse período, por essa categoria profissional diziam respeito a reajustes salariais, que é um item que vai perdendo espaço nas pautas de reivindicações sindicais a partir dos anos 1990, em proporção inversa à manutenção do emprego. Apesar do estudo de Cardoso se referir a um período anterior ao aparecimento da Força, analisa um Sindicato que será a principal referência dessa Central e na gestão daquele que será seu principal dirigente no início dos anos 1990.

tais como: contrato coletivo de trabalho, participação dos trabalhadores na produtividade e nos lucros das empresas..."[15] — apenas em 1995 percebemos algo parecido nos documentos cutistas.

No encontro daquele ano, no trecho referente às "propostas de ação face à reestruturação produtiva", encontramos o tópico "participação dos trabalhadores nos resultados" dentre outras diretrizes que buscariam apontar para a ratificação do contrato coletivo de trabalho.[16] No entanto, apenas no ano seguinte pode-se observar uma discussão mais consistente quanto a essa política nos documentos internos de debates coletivos da Central e no texto assinado pelo grupo de trabalho sobre reestruturação produtiva referente à 8ª plenária lemos que:

> A Medida Provisória de Participação nos Lucros/Resultados (PLR) é parte da estratégia empresarial de remuneração flexível. [...] Até agora, a PLR tem funcionado apenas como um "abono". No entanto, em vários casos, já tem conseguido mudar um aspecto da relação capital-trabalho ao obrigar aos trabalhadores e sindicatos a discutir a "pauta patronal" referente a metas de qualidade e produção (ao qual antes nos recusávamos). [...] *há que se destacar que a PLR não gera contribuições para sustentar as políticas públicas de seguridade social, contribuindo dessa forma para sua descapitalização.* [...] Para a CUT as reivindicações salariais prioritárias continuam sendo a defesa do valor do salário contra a inflação e a incorporação aos salários dos ganhos de produtividade. Essas bandeiras não devem ser substituídas pela PLR.[17]

Sem dúvida que é uma posição muito mais crítica que a da FS, pois considera que a PLR está contida na "estratégia empresarial de remuneração flexível", mesmo porque era uma política de abono que não se incorporava ao salário. Entretanto, a proposta prioritária desse grupo não passa por renegar a PLR, mas buscar incorporá-la

---

15. *Um projeto para o Brasil*: a proposta da Força Sindical. Op. cit., p. 108.
16. Textos para a 7ª Plenária Nacional da CUT, p. 24, 1995.
17. Textos para a 8ª Plenária Nacional da CUT, p. 42-43, 1996; grifos no próprio texto.

ao salário. Outro aspecto perceptível é a constatação positiva de uma relação mais amigável entre capital e trabalho que possibilitaria, a partir de então, à Central naturalizar a discussão com os patrões — e se assim o faz é porque acredita na possibilidade de modificar a seu favor certas medidas patronais — no que diz respeito à qualidade e produtividade, antes recusada por esses sindicalistas.

Não é preciso muito conhecimento dos debates internos da CUT para acreditarmos que essa política não foi consensual. A CSC, no contexto da crítica à reestruturação produtiva, questionava a posição cutista:

> É preciso confiar e apostar na luta de classes. Não se trata de recusar ou negar as inovações tecnológicas, mas sim de lutar contra a lógica que o capital imprime a esse processo. Em vez da flexibilização da jornada, que quando aceita pelo sindicalismo é pura cedência, é necessário lutar pela redução das horas de trabalho — sem corte salarial, banco de horas ou outros contrabandos. Em vez dos rendimentos variáveis, através dos mecanismos de participação nos lucros e resultados e de outros adicionais que estimulem a concorrência e divisão entre os trabalhadores, é preciso lutar pela reposição das perdas e pela incorporação aos salários dos ganhos de produtividade.[18]

Ainda afirmando que os trabalhadores deveriam apoiar-se na luta de classes, a CSC criticava a lógica, imposta pelo capital e que seria aceita pela maioria da direção da CUT, de concessão de rendimentos variáveis, como a PLR, que estimulariam a concorrência entre os próprios trabalhadores. Esse ganho de produtividade deveria, para essa corrente, ser incorporado ao salário.

Um ano antes, o MTS apresentava num texto sobre a reestruturação produtiva uma posição contundentemente crítica à PLR:

> A CUT e seus sindicatos filiados devem *rejeitar o estabelecimento de meta de produção, qualidade e assiduidade* nos acordos de participação nos lucros, pois, acordos desse tipo acabam transformando os sindi-

---

18. Proposta de emenda ao Texto da Direção Nacional ao 6º Concut, p. 43, 1997.

catos em auxiliares da gerência das empresas. Para se cobrar a participação nos lucros da empresa o sindicato acabaria tendo que cobrar também dos trabalhadores que cumpram as metas de produção etc.[19]

Este trecho da tese do MTS toca num ponto que considero crucial para entendermos o principal objetivo dos patrões com tal política: conquistar a maior dedicação dos trabalhadores para as metas de produção estabelecidas previamente. Isso nada tem a ver com democratização das relações de trabalho, pois essa participação nos lucros é irrisória dentro dos resultados totais da empresa e, por outro lado, acaba por justificar a maior intensificação da produtividade, que acarreta maior exploração da mão de obra.

Políticas como a PLR apareceram no bojo de uma conjuntura econômica extremamente adversa para os trabalhadores nos anos 1990, na qual a desindexação salarial se destacou, assim como a redução das mobilizações de massa, envolvendo uma categoria ou mais, o que favoreceu as ações coletivas fragmentadas, abrangendo apenas setores de uma categoria, ou mesmo, uma única empresa. Além disso, com a adoção de uma tática pouco acrítica quanto à PLR, o reajuste salarial deixou de ocupar o posto de reivindicação principal nas convenções coletivas, fazendo com que aumentassem o número de cláusulas relativas a aspectos como metas de produção e remuneração variável. Isso se refletiu nas motivações das greves: enquanto em 1993, 62% das greves foram ocasionadas por questões relativas à remuneração, esse número se reduz para 37%, em 1999; por outro lado, as greves provocadas pelo não cumprimento de direitos passam de 24% para 51%, nesse período; as motivadas pela manutenção do nível de emprego passam de 12% para 28%; e a PLR, que era inexistente em 1993, consta em 9% das pautas de reivindicações das greves realizadas em 1999.[20]

---

19. Textos para a 8ª Plenária Nacional da CUT, p. 45, 1996; grifos na própria tese.

20. A ideia central desse parágrafo está baseada em Andréia Galvão. A CUT na encruzilhada: impactos do neoliberalismo sobre o movimento sindical combativo. *Revista Ideias*, Campinas, CUT/Unicamp, ano 9, n. 1, p. 134-36, 2002.

2.2 Câmaras setoriais do complexo automotivo: exemplo de pragmatismo e propositivismo cutista frente às atuais transformações na produção

As câmaras setoriais surgiram no Brasil no governo de Juscelino Kubitschek e renasceram no final do governo José Sarney como um fórum onde representantes de empresas de um mesmo segmento produtivo ajustavam seus aumentos de preços em um momento de rápida escalada inflacionária. No período de Collor de Melo, rebatizadas de Grupos Executivos de Política Setorial, as câmaras conservaram a sua composição original como um fórum de empresários e técnicos governamentais, adquirindo a função de negociar e coordenar setorialmente os programas de incremento de qualidade e produtividade.

Até então com eficácia zero e bipartites — já que os trabalhadores quando chamados se recusavam a participar — as câmaras foram mais uma vez retomadas em maio de 1991, com a função de coordenar a saída do congelamento de preços adotado de acordo com o Plano Collor II.[21]

O início da participação dos trabalhadores brasileiros em fóruns desse tipo se dá a partir da atitude do deputado federal pelo PT, Aloízio Mercadante, que fez constar um artigo na lei que amparava as câmaras, n. 8.178, de 21 de março de 1991, no qual fazia com que elas passassem a ser definidas como organismos a serem compostos por "representantes do Ministério da Economia, dos empregadores e dos trabalhadores dos respectivos setores produtivos ou das entidades sindicais nacionais".[22] A proposta do petista, provavelmente já articulado com os sindicalistas da CUT pertencentes à sua

---

21. CARDOSO, Adalberto M.; COMIN, Álvaro. Câmaras setoriais, modernização produtiva e democratização nas relações de trabalho no Brasil. In: VILLAS-BOAS, Gláucia (Org.). *O Brasil na virada do século*: debate dos cientistas sociais. Rio de Janeiro: Relume-Dumará, 1995, p. 40.

22. ARBIX, Glauco. *Uma aposta no futuro*: os primeiros anos da câmara setorial da indústria automobilística. São Paulo: Scritta, 1996, p. 65.

corrente no partido — Articulação — era transformar as câmaras em organismos tripartites dos setores produtivos em geral e não especificamente do complexo automotivo. No entanto, será neste setor que o fórum irá vingar com maior fôlego, em que pese que por apenas dois anos.

Conforme argumentava a diretoria do Sindicato dos Metalúrgicos de São Bernardo do Campo e Diadema — majoritariamente dirigida pela corrente Articulação — "a câmara setorial representa uma alternativa como fórum de discussões amplas, onde, a despeito das inevitáveis divergências de diagnósticos e propostas entre os vários segmentos que compõem o setor, existe a perspectiva de significativos avanços".[23] O pragmatismo, ideia tão difundida pelo "sindicalismo de resultados" de Medeiros e Magri — e criticada pelos cutistas nos anos 1980 — passava cada vez mais a fazer parte da linha de pensamento e da ação dessa Central, como se percebe pela afirmação acima da cúpula metalúrgica do ABC paulista, que, apesar de reafirmar as divergências entre capital e trabalho, reconhece a possibilidade de "avanços" para os trabalhadores em um "fórum de discussões amplas".

A origem da defesa da câmara setorial, para os dirigentes metalúrgicos do ABC, está no anúncio do fechamento da fábrica da Ford motores em São Bernardo no início dos anos 1990. Ao divulgar todos os dias em seu informativo que "faltam x dias para a Ford fechar", o sindicato alertava a categoria para as consequências negativas que os trabalhadores da empresa sofreriam, especialmente o desemprego, se tal fechamento ocorresse. Diante dessa situação, Vicentinho, presidente do sindicato naquele momento, foi, por decisão própria, até a matriz da fábrica, nos Estados Unidos, tentar negociar.

---

23. Sindicato dos Metalúrgicos de São Bernardo do Campo e Diadema. *Reestruturação do complexo automotivo brasileiro*: as propostas dos trabalhadores na câmara setorial, p. 15, mar. 1992. Cabe destacar que era um sindicato filiado à CUT e foi uma das principais expressões do chamado *novo* sindicalismo. Em 1993 unificou-se com outros sindicatos da região, criando o Sindicato dos metalúrgicos do ABC.

Sobre a atuação de Vicentinho nos Estados Unidos nesse episódio, Plínio de Arruda Sampaio — na época consultor desse sindicato e um dos membros da delegação que foi à matriz da Ford — traçou uma avaliação elogiosa:

> Acostumados a enxergar os sindicatos brasileiros como centros de conflito, ficaram surpresos com a habilidade de Vicentinho. Ele sabe apertar e soltar com uma competência incrível e impressionou visivelmente os caras, isso foi visível, a compostura moral. Eu ali, como duplo observador, fui ficando orgulhoso, porque, no fundo não era uma coisa pedinte, foi uma coisa conversada, e o Vicentinho disse a eles que não pode ser assim, não como uma ameaça boba, mas que a coisa era pública, que mexia com a vida de milhares de famílias.[24]

Na verdade, o que mais deve ser ressaltado como habilidade de Vicentinho nesse episódio é a sua disposição para demonstrar à cúpula da empresa que o movimento sindical em nosso país estava mudando de rumo e, assim, os empresários não precisariam mais enxergar os sindicatos brasileiros como centros de conflito, o que na lógica inerente à reestruturação produtiva não seria mais aceitável. Tratava-se de um compromisso tácito com a empresa, em que a moeda de troca era a promessa de um sindicalismo mais dócil.

Pouco tempo depois que essa delegação voltou ao Brasil, a câmara setorial do complexo automotivo começou a funcionar. Para justificar à base da categoria os motivos que levaram a participação do sindicato nesse fórum, foi utilizado o argumento de que a situação crítica pela qual passava a indústria automobilística naquele momento era ruim tanto para os patrões quanto para os trabalhadores:

> Está claro para a diretoria que se continuar a queda na produção da indústria automobilística diminuirão também os postos de trabalho e os níveis de renda. Por isso, o sindicato aceitou participar da câmara setorial, que nada mais é que uma reunião com empresários e go-

---

24. ARBIX, Glauco. Op. cit., p. 71.

verno. [...] Nossa participação vai demonstrar à sociedade que os trabalhadores têm uma discussão acumulada e propostas para o setor.[25]

Assim, a luta por emprego e manutenção dos níveis salariais passaria por impedir a continuidade da queda na produtividade, que, como já vimos, era a lógica cutista ante aos efeitos negativos da reestruturação produtiva sobre os trabalhadores. Nos dias seguintes, as propostas da diretoria sindical metalúrgica do ABC vão ficando mais nítidas e cada vez demonstrando maior conformação desses sindicalistas diante das fronteiras permitidas pela ordem do capital. Nesse sentido, as principais propostas dos trabalhadores seriam "redução dos preços dos automóveis, estabilidade no emprego e recuperação dos salários".[26] A intenção parece óbvia: com a diminuição de preços o consumo aumentaria, o que iria acarretar crescimento na produção e, consequentemente, mais emprego e maior salário. Entretanto, era uma formulação que pressupunha a humanização do capitalismo, sem em nenhum momento indicar que o funcionamento deste permanecia pressupondo a exclusão e, portanto, era uma análise que absolvia o capital de ao menos duas de suas tantas outras mazelas: o desemprego e a redução salarial.

Ainda de acordo com essa mesma lógica — que em nada aparenta as ideias defendidas pelos cutistas na década de 1980 — acreditava-se que era possível "a implantação de uma política industrial socialmente justa no país" que pudesse "propiciar a superação de entraves como a retração do mercado interno e indefinições do cenário econômico, e fazer prevalecer o objetivo de criação de postos de trabalho, crescimento dos salários e plena soberania nacional".[27]

É difícil entendermos o que vinha a ser justo para esses sindicalistas dentro dos muros do sistema capitalista. A percepção que temos é que, além do pragmatismo, permeava essas análises a

---

25. *Tribuna Metalúrgica*, informativo do Sindicato dos Metalúrgicos de São Bernardo do Campo e Diadema 12 mar. 1992.

26. *Tribuna Metalúrgica*, 25 mar. 1992.

27. Sindicato dos Metalúrgicos de São Bernardo do Campo e Diadema. Op. cit., p. 24.

proposta do "desenvolvimento com distribuição de renda" que a CUT passou a defender em meados da década de 1990 — já exposta antes —, pois o sentido é o mesmo: produzir, ampliar o mercado interno e, com isso, aumentar a capacidade de geração de empregos e salários. No fundo, é proposta uma grande aliança entre capital e trabalho, jogando-se para debaixo do tapete o referencial da luta de classes, característica marcante nos documentos da CUT nos anos 1980.

Em março de 1992, a diretoria do Sindicato dos Metalúrgicos de São Bernardo anunciava à categoria um conjunto de propostas que se transformaram no primeiro acordo da câmara setorial automotiva, conhecido como acordo das montadoras: "fim das demissões por três meses, garantia de salário real com reajuste pela média Fipe-Dieese no trimestre seguinte, transferência da data-base de abril para 1º de julho, redução de 22% nos preços dos automóveis, participação dos trabalhadores nos grupos que irão discutir uma nova proposta de incentivo às exportações".[28] Aproveitavam para reforçar o grande objetivo de todos — patrões, trabalhadores e governo: "retomada do crescimento econômico, com garantia de emprego e salário para os trabalhadores".

Logo no mês seguinte, os patrões ameaçaram aumentar os preços dos carros e a reação do sindicato foi convocar uma assembleia, dizendo para a categoria que "só a nossa mobilização pode impedir que as montadoras aumentem os preços dos veículos acima da inflação. Se este aumento ocorrer, as negociações da câmara setorial de Brasília estarão arruinadas. Nossa estabilidade e os reajustes pelo Fipe-Dieese estarão comprometidos".[29]

Havia um apoio da base desse sindicato para a realização de tais acordos, o que fazia com que a direção tivesse respaldo para realizá-los. Não é possível perceber, através dos documentos pesquisados, se as assembleias eram amplamente convocadas, assim como se na sua condução primava a democracia, mas é inegável que

---

28. *Tribuna Metalúrgica*, 30 maio 1992.
29. *Tribuna Metalúrgica*, 10 abr. 1992.

esses dirigentes tinham a intenção de convencer a categoria de que essas negociações eram as ações mais corretas naquele momento.

A renovação do acordo estava marcada para o início de 1993 e o sindicato metalúrgico do ABC passou, aparentemente, a ser mais incisivo nas suas declarações, se baseando na caracterização de que foi positivo o primeiro ano do acordo. Em seus materiais, fazia a propaganda da ampliação do mercado consumidor de automóveis no Brasil como a grande solução para os problemas econômicos que o capital e os trabalhadores pudessem enfrentar. O secretário-geral do sindicato, Luís Marinho, defendia que "o importante é que aqueles que hoje não podem comprar um carro zero quilômetro possam comprá-lo".[30]

Ou seja, os próprios trabalhadores passavam a ser os principais divulgadores do produto vendido pela empresa. Está presente aí a ideia de que a empresa seria como uma família nos moldes tradicionais, onde as pessoas têm funções distintas, mas todas com o mesmo objetivo: fazer o grupo crescer, pois, dessa maneira, todos ganham, e pouco importa se um número reduzidíssimo de pessoas ganhe muito mais que as outras.

O mesmo informativo apresentava dúvidas quanto ao cumprimento do último acordo pelos patrões, conforme havia sido estabelecido no final das negociações anteriores. O sindicato divulgava que um estudo do Dieese estava "questionando a possibilidade das montadoras terem aumentado os carros acima da variação do dólar, o que representaria um descumprimento da sua parte no acordo". É uma demonstração de que as empresas têm, como sempre tiveram, condições para maquiar seus livros contábeis e, assim, burlar qualquer acordo. O que demonstrava também a possibilidade de não corresponderem totalmente à verdade as informações a respeito da crise do setor automotivo, divulgadas pelas empresas nas mesas de negociação ou publicadas na grande imprensa.

Em fevereiro de 1993 os Sindicatos dos Metalúrgicos do ABC, Betim e São Paulo — este último dirigido pela FS que começou a

---

30. *Tribuna Metalúrgica*, 15 jan. 1993.

participar de forma mais ativa a partir do primeiro acordo, até mesmo por perceber o espaço que este alcançou na sociedade —, os empresários do setor automotivo e os governos da União e do estado de São Paulo assinaram a segunda versão do *acordo das montadoras* que aprofundava os marcos estipulados um ano antes.

A síntese desse acordo seria a seguinte: ampliação do nível de emprego em um total de 90 mil em todos os setores de produção; convenção coletiva de trabalho, com validade de 1º de abril de 1993 a 31 de março de 1995; durante a vigência da convenção coletiva, a categoria teria o salário ajustado mensalmente, a título de antecipação, compensável nas datas-bases, e as empresas comprometiam-se a conceder aumento real de 20% divididos em três parcelas anuais; a redução, por parte do governo federal, do Imposto sobre Produtos Industrializados em 6% e, por parte das empresas, da margem de lucro em 5% por unidade, o que reduziria o preço total dos veículos em 11%; até o ano 2000 a produção deveria chegar a 2 milhões de unidades.[31]

Assim como no primeiro acordo, a estratégia permaneceu a mesma, ou seja, patrões, trabalhadores e governo se unindo teriam mais a ganhar do que se permanecessem separados, cada um se preocupando apenas consigo mesmo. Se todos cedessem um pouco, a chance de que todos ganhassem seria muito maior. Os patrões manteriam os empregos, reduziriam sua margem de lucro e, com isso, a produção aumentaria — o que, consequentemente, acabaria por manter os lucros — e mais empregos seriam criados; os trabalhadores renunciariam às greves e teriam uma postura mais propositiva, manteriam os seus empregos, que com o aumento da produção poderiam até ser estendidos, e conseguiriam uma pequena elevação em seus rendimentos salariais; e o governo, por sua vez, reduziria os impostos do empresariado, estimulando o crescimento do consumo e da produção. Tudo isso facilitaria o aquecimento da economia do país, tornando, inclusive, viável aumentar os níveis de exportação.

---

31. *Boletim do Dieese*, n. 144, p. 22-28, mar. 1993.

No entanto, pouco tempo depois, os resultados não foram animadores para todos os seguimentos, conforme demonstram as tabelas a seguir.

TABELA 1   Produtividade das montadoras do ABC paulista — 1988-1998

Ano	Produção (mil)	Emprego (mil)	Produtividade (autoveíc./trabalh.)
1988	1.069	113.0	9,4
1989	1.013	118.4	8,5
1990	914	117.4	7,7
1991	960	109.4	8,7
1992	1.074	105.7	10,1
1993	1.391	106.7	13,1
1994	1.581	107.1	14,8
1995	1.629	104.6	15,6
1996	1.804	101.8	17,7
1997	2.070	104.9	19,7
1998	1.586	83.0	19,1

Fonte: Dieese, com base no *Anuário Estatístico da Anfavea*, ed. 1999. In: Indicadores da Indústria Automobilística Brasileira. Sindicato dos Metalúrgicos do ABC, mar. 2000.

TABELA 2   Produtividade do setor de autopeças do ABC paulista — 1988-1997

Ano	Faturamento (em bilhões US$) (a)	Emprego (b)	Produtividade (US$/trabalhador) (a/b)
1988	10,4	288.300	32.288
1989	15,5	309.700	50.222
1990	12,2	285.200	42.931
1991	9,8	255.600	38.528
1992	10,1	231.000	43.818
1993	13,2	235.900	56.049
1994	14,3	236.600	61.279
1995	16,5	214.200	77.423
1996	16,1	192.700	83.663
1997	17,4	186.400	93.658

Fonte: Dieese, com base no *Anuário Estatístico do Sindipeças*, ed. 1998. In: Idem.

Com base nesses dados, podemos perceber que a crise da indústria automotiva — propalada pelos patrões e assimilada pelos sindicalistas do ABC paulista —, no final dos anos 1980 e início dos 1990 no Brasil, não era crônica como se afirmava, pois a produtividade continuava muito alta se comparada com os anos anteriores. É inegável que houve um pequeno aumento no índice de emprego nos dois anos que se seguem aos acordos na câmara setorial automotiva — 1993-1994 —, mas, logo em seguida, o desemprego é retomado em níveis exacerbados.

Finalmente, é possível destacar o crescimento da produtividade por trabalhador, fruto da chegada da reestruturação produtiva ao nosso país com maior ênfase na década de 1990. Mesmo nos anos dos acordos, a elevação da produtividade é muito intensa, o que, de certa forma, compromete a pequena elevação do emprego observada nesse período, assim como nos permite descartar as análises que possam considerar os métodos associados ao modelo produtivo da Toyota como mais democráticos ou de ritmo menos intenso para o trabalhador. Ao final do período analisado nas Tabelas 1 e 2, a produtividade por trabalhador, se comparada ao final dos anos 1980, é maior que o dobro, no caso das montadoras, e praticamente o triplo, no setor de autopeças.

Distante dessa visão mais crítica dos acordos, Vicentinho, antes da apresentação da proposta resultante do acordo em sua segunda versão à assembleia metalúrgica que decidiria pela sua aprovação, considerava que "é uma proposta histórica para o movimento sindical e para o futuro da classe trabalhadora. Há muito tempo acumulávamos perdas. Mas é a primeira vez na história deste país que se faz um acordo prevendo recuperar perdas futuras por um prazo de dois anos e meio".[32]

Com certeza, era um acordo histórico, mas, creio que não pelos motivos alegados por Vicentinho, e sim pelo fato de que pela primeira vez na história do Brasil uma entidade sindical tinha o seu enorme poder de representatividade junto à sua base reconhecido

---

32. *Tribuna Metalúrgica*, 17 fev. 1993.

publicamente pelo governo e pelos empresários e, justamente essa entidade sindical, nesse mesmo momento, tornava público que sua capacidade de mobilizar a categoria que representava havia sido atada pelo poder público e pelo capital.

Porém, a posição acrítica do dirigente sindical metalúrgico não era comungada por todos os sindicalistas desse setor no estado de São Paulo. Os sindicatos de Campinas e de São José dos Campos — também filiados à CUT e, à época, com suas diretorias compostas, em sua maioria, por pessoas vinculadas, respectivamente, às correntes CUT Pela Base (CPB) e Convergência Socialista (CS) —, por exemplo, expressavam opiniões diferentes e — algo a se analisar — contavam também com o respaldo da sua base, expresso em assembleias, para aprovar as posições divergentes das que eram defendidas pelo sindicato do ABC.

Nas resoluções do quarto congresso dos metalúrgicos de Campinas afirmava-se que eles "condena[vam] a participação do movimento sindical nas câmaras setoriais e chama[vam] a CUT a sair dessa forma de negociação". Defendiam tal posição por entenderem "que as medidas visando enfrentar pela metade a crise e que contenham limitações ou concessões em relação aos direitos dos trabalhadores deve[ria]m ser rejeitadas".[33]

Já o Sindicato de São José dos Campos lançou vários materiais buscando mostrar para a sua base que o acordo era muito ruim e os metalúrgicos deveriam rejeitá-lo — o que de fato aconteceu, tanto nessa região quanto em Campinas —, dentre os quais um cartaz,[34] após o segundo acordo, no qual expunha os motivos pelos quais eram contra.

Sobre o aspecto salarial, considerava que "é[ra] muito justo que o reajuste mensal de salário seja pago. Mas este já está[va] sendo pago desde o ano passado". E quanto aos 20% de aumento em três

---

33. Resoluções do 4º Congresso dos Metalúrgicos de Campinas, p. 13, ago. 1992.
34. Sindicato dos Metalúrgicos de São José dos Campos. "Por que somos contra o acordo das montadoras", sem data. O ano, sem dúvida, é 1993. As informações contidas nos três próximos parágrafos estão baseadas nesse documento.

anos "sequer é[ra] aumento real uma vez que esquec[ia] os 84% roubados por Collor", de perdas inflacionárias. Em relação ao emprego, diziam que era "preciso deixar claro que garantir nível de emprego não significa[va] estabilidade", pois os patrões poderiam demitir desde que contratassem outros.

A proposta de aumento da produtividade também recebia críticas da diretoria sindical metalúrgica de São José dos Campos. Segundo ela, poderia ser até "a favor que se aument[ass]e a produção desde que essa [viesse] acompanhada de estabilidade e aumento no nível de emprego; de melhoria de condições de trabalho; da automação, mas acompanhada da redução da jornada e não de demissões; que se acab[ass]e com a terceirização". Além do mais, uma redução do lucro em 5% não significaria nada, de acordo com esses sindicalistas, porque os empresários ganhariam mais de 10% com a redução de impostos.

E, por fim, sobre essa questão dos impostos, ainda afirmavam que: "ao reduzir impostos, os únicos beneficiados são os empresários. O Estado arrecada menos, o que faz com que invista menos ainda em setores de saúde e educação". Já a redução dos preços dos carros não modificaria muito o mercado, pois "segundo o jornal *Folha de S.Paulo*, de dois de março, os preços dos carros só neste ano aumentaram em 103% contra uma inflação no período de 61%".

A posição dos sindicalistas de Campinas e de São José dos Campos, antes de criticar as negociações em si, criticam o núcleo do acordo, ou seja, a disposição apresentada pelos diretores sindicais do ABC paulista de negociar dentro dos limites estabelecidos pelos empresários. Parecem acreditar que o sindicalista pode até participar de negociações, desde que sejam precedidas de mobilizações baseadas numa pauta de reivindicação e pode também até aceitar a reforma, desde que seja para empurrar o capital sempre para além de seus limites.

Assim como outros processos aqui já analisados, o *acordo das montadoras* demonstrava o atrito crescente no interior da CUT. Até meados da década de 1990, esse atrito se dará entre a posição da Articulação — propositiva, cada vez mais priorizando as soluções negociadas em detrimento do enfrentamento com governo e patrões — e a posição dos principais grupos oponentes a essa corrente — CPB; CSC, no início da década; e CS (posteriormente, MTS) — que questionavam a mudança de postura da CUT a partir do final dos anos 1980 e defendiam que essa Central tivesse uma prática sindical mais próxima da que se percebia nas suas origens.[35]

Fica nítida a tentativa de, através do veículo de comunicação cotidiana do sindicato com a categoria, buscar convencê-la de que o acordo poderia ou não ser aceito. Talvez por isso a participação nas negociações da câmara setorial automotiva tenha sido rechaçada em Campinas e São José dos Campos e, no mesmo momento, aceita na região do ABC. Mas, mesmo que não seja por isso — ou apenas por isso — a verdade é que nas três regiões a categoria seguiu as orientações das diretorias dos sindicatos.

Para convencer a base de que a sua posição em relação ao acordo das montadoras era a mais correta, os sindicalistas de São José dos Campos não titubearam em também apelar para o pragmatismo. Em um de seus informativos destacam que a greve de abril de 1993 em uma fábrica da Ford havia conquistado um aumento bem superior ao do acordo em questão, e afirmam: "uma prova de que é possível conquistar acima do acordo foi a greve vitoriosa de sete dias dos trabalhadores da montagem final da Ford, de São Bernardo. Eles conquistaram um reajuste 5,5% superior ao proposto na câmara setorial".[36]

A partir de meados de 1993, as negociações na câmara setorial automotiva passaram a encontrar resistências no governo federal e quando Fernando Henrique assumiu a Presidência da República, elas foram totalmente suspensas. Com isso, o debate sobre o acordo

---

35. Apesar de não ter como objetivo, neste trabalho, comprovar essa ideia, as teses prévias aos encontros e resoluções congressuais da CUT deixam a impressão de que esse grupo opositor à Articulação se desestrutura a partir da segunda metade da década de 1990, tornando cada vez mais minoritária no interior dessa Central as posições contrárias à maioria dirigente.

36. *Jornal do Metalúrgico*, órgão informativo do Sindicato dos Metalúrgicos de São José dos Campos, 7 a 12 de abril de 1993.

das montadoras passou a girar em torno do balanço desse processo que, para alguns, foi bastante positivo para os trabalhadores porque elevou-se um pouco o nível de emprego e de salário — o que demonstrava o quanto havia sido correto participar das negociações; e, para outros, os principais beneficiados foram os empresários que obtiveram, além da renúncia fiscal, aumento de lucro e produtividade.

Defensor da primeira tese, Vicentinho — membro da Articulação Sindical, à época do acordo presidente do Sindicato dos Metalúrgicos do ABC e, posteriormente, presidente da CUT — reivindicava a participação na câmara setorial até mesmo como um passo para a construção do socialismo:

> Em termos de emprego e salário conseguimos inverter uma tendência extremamente desfavorável que se observava nos últimos meses. Mantivemos os postos de trabalho no setor e apresentamos uma recuperação dos salários em termos reais. Mais importante ainda foi a conquista do reajuste mensal automático até 1995 e mais 20% reais até 1995. Por fim, é argumentando com bases concretas e com ganhos reais para os trabalhadores, como acontece nas câmaras setoriais, que mostramos nossa visão classista. Sempre em busca de construir as condições para uma sociedade democrática e socialista.[37]

É exatamente dessa forma que o termo *socialismo* seguirá aparecendo nos documentos da CUT até o ano 2000, ou seja, misturado a outros aspectos que em nada se aproximam, de fato, de uma proposta socialista. Mas, nesse caso específico, me parece que Vicentinho queria argumentar que os ganhos — assim ele os enxergava — obtidos no acordo eram concretos, reais e, portanto, estavam mais próximos do socialismo do que a visão utópica sobre este que apresentavam aqueles que o criticavam por defender as negociações.

No entanto, a ênfase de sua análise é essencialmente pragmática, pois o movimento sindical é reduzido a "ganhos reais para os trabalhadores", o que em muito aproximava o discurso do dirigente

---

37. Revista *De Fato*, n. 1, p. 43, ago. 1993.

cutista ao dos sindicalistas da FS, como pode-se perceber no trabalho de Trópia, quando a autora apresenta alguns trechos de discursos de Paulinho, dirigente da Força, em assembleia realizada em março de 2002, relativos à flexibilização da CLT: "qual é o problema da mulher cumprir dois meses de licença gestante e vender os outros dois meses? Nós preferimos ficar com o dinheiro no bolso", e em relação ao parcelamento das férias: "muitas vezes o cara está numa situação difícil. Tem que pagar uma prestação, tem que pagar uma conta, comprar uma geladeira. Ele então fala assim: dá aqui 15 dias de férias e vou pegar, além do 1/3, mais 15 dias em dinheiro. Assim o trabalhador tem mais opções".[38]

O discurso de Vicentinho é muito mais mediado, até mesmo porque ele não pode, pelo menos na aparência, fugir tanto do passado cutista e também tem como interlocutores um setor de trabalhadores mais politizado, por isso tem que incluir em seus argumentos pragmáticos chavões bastante comuns nos tempos iniciais da CUT, como "visão classista" e "sociedade democrática e socialista". Mas, o sentido do pragmatismo já se apresentava de forma evidente.

A polêmica em torno da participação nas câmaras setoriais permeia os encontros da CUT ao longo da primeira metade da década de 1990. Mesmo que a última versão do acordo tenha sido assinada em 1993, dois anos depois a Articulação continuava com o mesmo pensamento de Vicentinho, demonstrado antes, a respeito desses fóruns. Na 7ª Plenária da CUT, essa corrente defendia a ideia de propor ao país as "reformas populares" — na lógica do desenvolvimento com distribuição de renda —, que se contraporiam às reformas neoliberais do governo Fernando Henrique e se baseariam em "uma nova previdência, sistema democrático de relações de trabalho, saúde e educação para todos, ampla reforma tributária e fiscal, política de rendas para combater a inflação e rearticulação das câmaras setoriais".[39]

---

38. TRÓPIA, Patrícia Vieira. Op. cit., p. 196.
39. Textos para a 7ª Plenária Nacional da CUT, p. 4, 1995.

Várias correntes presentes no interior da Central, contudo, discordavam desse pensamento. No encontro realizado em 1993, portanto no mesmo ano em que foi assinada a segunda versão do acordo, o debate sobre essa questão foi mais intenso. A tese da CSC defendia que a CUT deveria "reafirmar seu caráter anti-capitalista, de luta pela perspectiva socialista" e, dentre outras coisas, isso significava "recusar o 'tripartismo' e denunciar e combater a 'parceria' proposta pelos capitalistas e ideólogos do oportunismo sindical".[40]

No mesmo encontro, no texto da CPB, apresentava-se uma crítica moderada à participação nas câmaras, entendendo que elas se constituíram num mecanismo privilegiado para a ação de diversos setores da CUT nesse período como contrapartida aos ataques da reestruturação produtiva. Porém, para a CPB, "o resultado político das negociações nas câmaras tem representado um afastamento das categorias envolvidas no processo mais amplo de contestação do projeto neoliberal", sendo que "a CUT foi a reboque de uma posição que não passou adequadamente por seus fóruns de decisão". Entretanto, considerava que a simples participação dos sindicatos e da CUT nacional nos fóruns tripartites não comprometia globalmente a sua independência de classe.[41]

Mesmo acreditando que a participação sindical em fóruns tripartites não rompia com as fronteiras de classe, a CPB apontava críticas aos resultados do processo que, segundo eles, teriam afastado as categorias da luta. E salientava que a decisão da participação da CUT não passou "adequadamente por seus fóruns de decisão", o que nos faz supor que se os metalúrgicos do ABC se preocuparam com a consulta à sua base para dar mais respaldo à chancela do sindicato no acordo, o mesmo não aconteceu com a CUT.

Com uma análise mais incisiva e entendendo que nesse processo houve sim uma quebra da barreira entre as classes, o grupo que fazia parte da CS e depois passou a se organizar no MTS, afirmava em 1993 que a Central, ao completar dez anos de existência,

---

40. Textos para a 6ª Plenária Nacional da CUT, p. 53, 1993.
41. Idem, p. 47.

se encontrava em meio a uma crise, que tinha como uma das razões a participação nos fóruns tripartites, o que gerava, para essa corrente, um profundo descontentamento das bases. Acreditavam ainda que:

> a estratégia de participação nas câmaras setoriais, como mecanismo de intervenção política nesse período, tem levado ao amortecimento dos enfrentamentos dos trabalhadores e do desarme da luta [...] na medida em que diminui o enfrentamento com o projeto neoliberal, contribuiu, objetivamente, para dar fôlego à estabilidade governamental [...] a participação nas câmaras setoriais, como política da Central, presta-se como instrumento de colaboração de classes.[42]

Entendo que é realmente bastante difícil desconsiderar que houve colaboração entre as classes num processo como esse, pois a essência do *acordo das montadoras* pressupunha a parceria entre governo, patrões e trabalhadores para que *todos saíssem ganhando*.

Quanto ao "descontentamento das bases" com a participação cutista nos fóruns tripartites, Arbix contribui com a apresentação de uma pesquisa feita junto aos delegados do congresso dessa Central em 1994 a respeito das câmaras setoriais, que ajuda a ter uma visão mais ampla desse aspecto. É importante frisar que este, de todos os congressos da CUT realizados até esse ano, é o que menos contará com a participação de trabalhadores de base, predominando, dessa forma, os dirigentes sindicais de suas categorias profissionais.

Algumas ressalvas merecem ser apontadas ao se analisar esses dados. Em primeiro lugar, há uma nítida contradição entre a maior parte das respostas, o que demonstra como esse tema, ao contrário do que pensavam as cúpulas das correntes, gerou muitas dúvidas entre os militantes cutistas. Como exemplo, temos o paradoxo das respostas dos dois primeiros tópicos, pois ao mesmo tempo em que a maioria dos delegados achava que a CUT devia lutar pela ampliação das câmaras a outros setores, considerava que era um instrumento que funcionava apenas em algumas categorias.

---

42. Idem, p. 57.

Questões	Concordo	Neutro	Discordo
1. As câmaras setoriais são uma conquista dos trabalhadores e a CUT deve lutar para que elas existam em todos os setores?	52,2	8,9	38,9
2. As câmaras são um instrumento legítimo, mas só funcionam em alguns setores e, por isso, não são uma alternativa para a maioria dos sindicatos cutistas?	52,0	11,4	36,6
3. As câmaras setoriais são uma forma de negociação onde todas as partes podem sair ganhando?	44,3	9,7	46,0
4. Nas câmaras, os trabalhadores podem até conquistar algumas coisas, mas quem realmente sai ganhando são os empresários?	53,6	9,5	36,9
5. A população em geral sai perdendo com as câmaras, porque o Estado abre mão dos impostos que deveriam financiar saúde, educação e transporte?	50,3	10,9	38,8
6. As câmaras são uma forma de cooptação e devem ser rejeitadas pela CUT?	37,0	10,7	52,3

Fonte: Desep/CUT. In: Arbix Glauco. *Uma aposta no futuro*: os primeiros anos da câmara setorial da indústria automobilística. São Paulo: Scritta, 1996, p. 170.

Mais da metade dos participantes do 5º Concut entendia que o conjunto da população brasileira era prejudicada com a renúncia fiscal, na qual foram beneficiados os empresários da indústria automotiva nos dois acordos realizados. Percebe-se também a partir desses números que a maioria absoluta dos participantes desse encontro enxergava a presença da Central nas câmaras com bastante crítica, pois mais de 50% acreditava que eram os empresários aqueles que realmente ganhavam nesses fóruns. Por fim, é possível verificar que um número superior à terça parte entendia que a câmara setorial era uma das formas que o capital podia usar para cooptar os trabalhadores.

2.3 O *sindicalismo bem-feitor* cutista — um retorno ao assistencialismo

A partir da crença na inexorabilidade da reestruturação produtiva em fins dos anos 1990, a CUT deixou de simplesmente ser propositiva, propondo *soluções viáveis* ao capital no interior das fronteiras do capitalismo, para executar *benfeitorias* com nítida característica assistencialista. Tal política tinha como pano de fundo superficialmente teórico a tese defendida por autores como Paul Singer — que detalharei em seguida — sobre a "economia solidária".[43] As razões que originaram essa proposta e as principais características desta faziam parte das resoluções congressuais da Central em 2000:

> Diante do aumento do desemprego e da informalidade, os sindicatos cutistas não podem se manter numa posição de omissão na qual a última relação que tem com os trabalhadores desempregados é a homologação da rescisão do contrato de trabalho. A "economia solidária" tem se apresentado como uma nova forma de se constituir alternativa de luta contra o desemprego e diálogo concreto com os desempregados e demais setores marginalizados pelas grandes cadeias produtivas. [...] Assim, é fundamental contextualizar a economia solidária no campo ou visão de classe da central. É preciso deixar claro que solidariedade de classe significa, antes de tudo, respeitar conquistas históricas da classe trabalhadora. Nisso, é preciso demarcar uma radical diferença com as práticas do tradicional cooperativismo brasileiro [...] e suas ramificações estaduais que, quando não acobertam, promovem a precarização das condições de trabalho, inclusive por meio das "coopergatos". [...] Sendo assim, uma estratégia inovadora da CUT no combate ao desemprego e à exclusão social é a construção de um projeto de economia solidária, visando, por meio da disseminação de empreendimentos econômicos solidários, como as Cooperativas populares autênticas e de autogestão, ampliar as possibilidades de um desenvolvimento econômico com maior distribuição de renda e geração de novas oportunidades de trabalho, sob princípios da democracia e da autogestão.[44]

---

43. Essa análise tem como base de apoio o artigo de Sandra Regina Zarpelon. ONGs, movimento sindical e o novo socialismo utópico. *Revista Ideias*, Campinas, CUT/Unicamp, ano 9, n. 1, 2002.

44. Resoluções e imagens do 7º Concut, p. 30-31, 2000. O termo "coopergatos" é utilizado para designar as cooperativas criadas com o objetivo de rebaixar o custo em processos de terceirização da produção ou de serviços, provenientes da figura do *"gato"* — aliciador de *boias-frias* ou de trabalhadores para grandes fazendas em várias regiões do país.

Como principal justificativa para a prática de ações baseadas na economia solidária, a maioria dirigente da CUT destacava a propagação do desemprego, um dos aspectos centrais do que esses sindicalistas consideravam como "crise do trabalho". As Cooperativas não seriam, nessa visão, mero assistencialismo, mas "solidariedade de classe" e estariam, inclusive, contidas nos marcos do socialismo. A proposta de "desenvolvimento econômico com distribuição de renda" que havia surgido no início dos anos 1990, ganhava agora uma nova roupagem.

O surgimento da economia solidária no Brasil, de acordo com Singer, começou na década de 1980, mas só obteve um crescimento na segunda metade da década seguinte. Ela teria surgido de movimentos sociais que reagiriam à crise do desemprego em massa, sendo, portanto, algo que transcenderia os limites sindicais e pôde ser verificada, por exemplo, na Ação da Cidadania contra a Fome, a Miséria e pela Vida, que mobilizou milhões de pessoas entre 1992 e 1994.[45]

Como exemplo desse tipo de ações executadas pela CUT podemos citar os programas de requalificação profissional e as próprias cooperativas. O primeiro será mais bem abordado no próximo capítulo, mas podemos adiantar que está associado à lógica cutista, mais presente na segunda metade da década de 1990, de colocar o problema da empregabilidade sobre os ombros do trabalhador, já que ele não estaria devidamente qualificado para ser recebido pelo mercado de trabalho pós-reestruturação produtiva. Constata-se aí, mais uma vez, a visão da inexorabilidade dessas transformações e da conformação à ordem do capital.

Cooperativismo e formação profissional estarão extremamente ligados dentro do projeto da CUT a partir de meados dos anos 1990. A origem de tudo está no Projeto Integrar da Confederação Nacional dos Metalúrgicos, concebido em 1995 quando a CNM — que

---

45. SINGER, Paul. Economia solidária: um modo de produção e distribuição. In: _____; SOUZA, André Ricardo de (Orgs.). *A economia solidária no Brasil*: a autogestão como resposta ao desemprego. São Paulo: Contexto, 2000, p. 25.

tinha naquele momento como principal corrente na direção, a Articulação Sindical — decidiu incluir a formação profissional em sua agenda, com o objetivo de capacitar os trabalhadores empregados para o domínio de novas tecnologias e qualificar os desempregados para sua reinserção no processo produtivo.

> Em relação aos empregados, o ponto de partida do Integrar é uma pesquisa participativa que se propõe a acompanhar as mudanças no chão da fábrica, visando detectar as necessidades formativas dos trabalhadores e colher subsídios para reflexões sobre a reestruturação produtiva na ótica do trabalho. Quanto aos desempregados, "o enfoque central é a economia solidária e o objetivo é a reinclusão do desempregado e o resgate da cidadania".[46]

Tais aspectos já eram propostos, em grande medida, pela CUT, em 1995, quando propunha, para os cursos programados pelos sindicatos filiados com o dinheiro advindo do Fundo de Amparo ao Trabalhador e do Serviço Nacional de Emprego, que não somente buscassem se preocupar com a requalificação adaptativa dos trabalhadores às relações de trabalho, mas também propiciassem "a apropriação crítica de conhecimentos científicos e tecnológicos e de saberes mais gerais sobre o homem e a sociedade, imprescindíveis na conformação da cidadania".[47]

De acordo com Francisco Dias Barbosa — ex-diretor do Sindicato dos Metalúrgicos do ABC e responsável pelo projeto de cooperativas desse sindicato em 1999 — as cooperativas poderiam não significar a resolução de todos os problemas enfrentados pelo mundo do trabalho, mas representavam uma alternativa importante:

---

46. COLBARI, Antonia. Qualificação profissional e empregabilidade: novos desafios ao sindicalismo no Espírito Santo. In: RODRIGUES, Iram J. (Org.). *O novo sindicalismo*: vinte anos depois. Petrópolis: Vozes; São Paulo: Educ/Unitrabalho, 1999, p. 177. A autora se baseia no texto: Programa Integrar: formação e qualificação para o trabalho, da CNM, de junho de 1998.

47. Textos para a 7ª Plenária Nacional da CUT, p. 32, 1995. Esta discussão a respeito dos Programas de Requalificação Profissional, realizados pelos sindicatos cutistas com o dinheiro do FAT, também será aprofundada no próximo capítulo.

é muito importante que o sindicato, em seu 3º Congresso, coloque esta discussão [...] muitos companheiros que estão em empresas com mais estabilidade, que estão nas montadoras, não pensaram ainda no que está acontecendo ao restante da categoria. [...] Não achamos que as cooperativas sejam remédio para tudo, nós sabemos que as dificuldades do país são muito grandes, mas as cooperativas podem e devem ser uma das alternativas que esta categoria vai continuar desenvolvendo a partir daqui.[48]

O projeto da CUT para a economia solidária começou a ganhar contornos mais definitivos quando, no final de 1998, a Executiva Nacional da Central aprovou a criação de um grupo de trabalho que iria iniciar as discussões em vista dessa estratégia. Deste grupo foi elaborado um projeto que passou a ser desenvolvido em parceria com a Organização Intereclesiástica para a Cooperação ao Desenvolvimento, da Holanda, a Fundação Unitrabalho e o Dieese. Tal projeto suscitou discussões em todo o país, que culminaram, em 1999, com o lançamento da Agência de Desenvolvimento Solidário (ADS) da CUT.[49] Segundo as resoluções congressuais cutistas de 2000:

> A criação da Agência Nacional de Desenvolvimento Solidário, pela CUT Nacional, *em parceria com outros atores sociais*, é um passo importante. Os objetivos dessa Agência são a geração de novas oportunidades de trabalho e renda em organizações de caráter solidário e a contribuição à construção de alternativas de desenvolvimento social e sustentável; o fomento aos valores da solidariedade na sociedade; democratizar o acesso dos trabalhadores ao crédito; proporcionar a formação de agentes de desenvolvimento solidário; apoiar a criação e a viabilização de empreendimentos solidários; construir alternativas

---

48. Transcrição de sua fala durante o encerramento do 3º Congresso dos metalúrgicos do ABC, 7 de novembro de 1999. Citado por ODA, Nilson Tadashi. Sindicato e cooperativismo: os metalúrgicos do ABC e a Unisol Cooperativas. In: SINGER, Paul; SOUZA, André Ricardo de (Orgs.). Op. cit., p. 104.

49. MAGALHÃES, Reginaldo Sales; TODESCHINI, Remígio. Sindicalismo e economia solidária: reflexões sobre o projeto da CUT. In: SINGER, Paul; SOUZA, André Ricardo de (Orgs.). Op. cit., p. 138.

de comercialização; ampliar o acesso dos trabalhadores a informações sobre políticas públicas, legislação e mercado; e proporcionar assessoria técnica, jurídica e política às organizações solidárias.[50]

Se o Estado não dá acesso aos trabalhadores precarizados, desempregados etc., a CUT — em sua maioria dirigente — se achava no dever de criar uma rede de solidariedade para minimizar os efeitos negativos das transformações no mundo do trabalho nas últimas décadas. Note-se que essa rede de solidariedade não tinha preocupação com os limites de classe e pressupunha também parcerias com grupos privados, até mesmo ligados ao sistema financeiro, que concordassem em pôr em prática o projeto de "democratizar o acesso dos trabalhadores ao crédito". Logicamente que esse setor privado também sairia lucrando, pois a proposta era que a esse crédito fosse vinculada uma taxa de juros, mesmo que menor que a cobrada pelo mercado.

Percebe-se, assim, que há uma contradição entre o conteúdo da proposta de economia solidária defendida pela maioria cutista e a tentativa desse grupo em aproximar essa proposta do socialismo e da solidariedade de classe. Pode ser que a origem dessa contradição esteja no anacronismo presente na própria tese da economia solidária e na dificuldade que esta tem para se sustentar no capitalismo contemporâneo. Para ilustrar essa lógica, voltemos a Paul Singer:

> A *economia solidária* surge como modo de produção e distribuição alternativo ao capitalismo, criado e recriado periodicamente pelos que se encontram (ou temem ficar) marginalizados do mercado de trabalho. A economia solidária casa o princípio da unidade entre posse e uso dos meios de produção e distribuição (da produção simples de mercadorias) com o princípio da socialização destes meios (do capitalismo). Sob o capitalismo os meios de produção são socializados na medida em que o progresso técnico cria sistemas que só podem ser operados por grande número de pessoas, agindo coordenadamente, ou seja, *cooperando entre si*. [...] A unidade típica da economia solidária

---

50. Resoluções e imagens do 7º Concut, p. 31, 2000; grifos meus.

é a cooperativa de produção, cujos princípios organizativos são: posse coletiva dos meios de produção pelas pessoas que as utilizam para produzir; gestão democrática da empresa [...] repartição da receita líquida entre os cooperadores [...] destinação do excedente anual [...] também por critérios acertados entre todos os cooperadores. A cota básica do capital de cada cooperador não é remunerada, somas adicionais emprestadas à cooperativa proporcionam a menor taxa de juros do mercado. [...] O que ela [economia solidária] condena no capitalismo é antes de tudo a ditadura do capital na empresa [...].[51]

Temos, assim, que o próprio desenvolvimento do capitalismo produziria as condições para uma passagem ao socialismo, na medida em que o progresso técnico crie sistemas que só podem ser operados por um grande número de pessoas cooperadas. A base da economia solidária seria exatamente esta, ou seja, para evitar a marginalização do mercado de trabalho, os trabalhadores se juntam de forma solidária e cooperada, tomam posse coletiva dos meios de produção, agem a partir da gestão democrática e repartem a receita líquida entre si. Na lógica de Singer, a proliferação desse tipo de estratégia poria fim ao capitalismo e criaria as condições para o surgimento do socialismo.

Impossível não perceber — como o fez Tumolo anteriormente — um retorno ao socialismo utópico nessa tese da *economia solidária*.[52] Isso, de certa forma, é corroborado pelas próprias afirmações de Singer: "A economia solidária não é a criação intelectual de alguém, embora os grandes autores socialistas denominados 'utópicos' da primeira metade do século XIX (Owen, Fourier, Buchez, Proudhon etc.) tenham dado contribuições decisivas ao seu desenvolvimento."[53]

Como os utópicos dos séculos XVIII e XIX, faz-se a crítica da sociedade vigente e de suas mazelas, diz-se que o objetivo é atingir uma sociedade justa e igualitária e para chegar a tal defende-se uma

---

51. SINGER, Paul. Op. cit., p. 13-14.
52. TUMOLO, Paulo Sérgio. *Da contestação à conformação*: a formação sindical da CUT e a reestruturação capitalista. Campinas: Unicamp, 2002, p. 104-105.
53. SINGER, Paul. Op. cit., p. 13.

estratégia que passa pela construção de pequenos exemplos de sociedade alternativa no interior do capitalismo. No entanto, nesse ponto, os atuais se diferenciam dos *socialistas utópicos* originais, pois para os contemporâneos de Marx há a atenuante de que não havia ainda sido formulado o arcabouço teórico capaz de desvendar o modo de produção capitalista, o que só foi possível a partir de uma confluência histórica com o advento do materialismo histórico ou marxismo.

Na realidade, o que leva Singer e outros a construir uma teoria como essa é a sua opção política que pressupõe uma estratégia de menor conflito com o capital; contudo tais elucubrações teóricas são totalmente injustificáveis, já que existe um acúmulo histórico e teórico de mais de um século e meio que demonstra a inconsistência dessa leitura da realidade e, logo, a impossibilidade de se pôr em prática seus projetos estratégicos.

CAPÍTULO 3

O "sindicato cidadão":
a face do *novo* sindicalismo nos anos 1990

A trajetória da CUT, que viemos analisando até aqui, foi desembocar naquilo que a própria Articulação denominou de "sindicalismo cidadão". Fruto da conjuntura da década de 1990 — na qual o termo *cidadania* passou a ser observado constantemente nos meios acadêmico e sindical, ou mesmo na mídia —, das novas reflexões teóricas feitas pela maioria dirigente cutista e da própria experiência sindical acumulada por essa Central desde sua origem, essa proposta de sindicalismo caracterizará a CUT na segunda metade desta década e demonstrará de maneira categórica o afastamento dessa organização do referencial da luta de classes.

3.1 A *nova cidadania* do final do século XX

Alguns autores no campo das ciências sociais consideram que o movimento sindical na década de 1980 no Brasil caracterizava-se, essencialmente, por expressar uma luta que tinha como objetivo maior a conquista da cidadania, com a ampliação de espaços institucionais de negociação e de direitos, alguns dos quais obtidos com a Constituição de 1988.[1] Esclareço de antemão que, ao contrário, compartilho da visão daqueles que entendem a atuação do chamado *novo* sindicalismo como expressão da luta de classes, se opondo aos valores burgueses e capitalistas.

A ampliação da cidadania pode até ter sido um dos principais objetivos do sindicalismo no Brasil na década de 1990, mas não na década anterior. Entretanto, a corrente majoritária da CUT, a Articulação Sindical, referendou a tese de Jácome Rodrigues, Noronha e outros, até mesmo para corroborar a sua atuação ao longo dos anos 1990 como sendo uma continuação da luta que a Central implementava desde seu nascedouro. Luis Marinho, então dirigente do Sindicato dos Metalúrgicos do ABC paulista e ligado à Articulação, afirmava, em 1998: "as greves de 1978 eram realizadas para abrir espaços para negociação. A ditadura impedia essa negociação. Toda a nossa briga em 1978 era pela negociação".[2]

Ao longo da década de 1990 se fortaleceu bastante, entre os especialistas no assunto, essa ideia de que os movimentos sociais, dentre eles o sindical, corretamente lutavam para obter direitos, abrir canais de negociação, ampliar sua participação em espaços institucionais e, consequentemente, ampliar a cidadania. Essa seria a busca pela *nova cidadania*.

Esses autores achavam crível a existência de uma nova sociedade em nosso país a partir dos anos 1990, caracterizada por uma participação mais atuante da *sociedade civil* e por uma nova relação entre movimentos sociais, capital e Estado. A Constituição de 1988 teria sido um marco importante para a ampliação dos direitos sociais

---

1. Dentre esses autores, podemos citar Iram Jácome Rodrigues. *Sindicalismo e política*: a trajetória da CUT. São Paulo: Scritta, 1997. NORONHA, Eduardo. A explosão das greves na década de 80. In: BOITO JR., Armado (Org.). *O sindicalismo brasileiro na década de 80*. São Paulo: Paz e Terra, 1991. Aprofundarei um pouco mais essa discussão no capítulo seguinte ao abordar a relação entre movimento sindical brasileiro e a Constituição de 1988.

2. *Diário do Grande ABC*. Edição especial 20 anos, 12 maio 1998. Citado por WELMOWICKI, Jose. Op. cit., p. 113.

e para o enterro definitivo da ordem legal autoritária. Para Dagnino, a questão era ainda mais profunda: "[...] o que raras vezes se reconhece é o fato de que os movimentos populares urbanos alcançaram essa mesma compreensão da imbricação entre cultura e política assim que perceberam que não tinham que lutar apenas por seus direitos sociais — moradia, saúde, educação etc. — mas pelo próprio direito a ter direitos".[3]

Na *nova cidadania* haveria uma visão ampliada de democracia, a partir do acesso a direitos e a espaços nos canais institucionais, e suas origens — como já destaquei — encontrar-se-iam nas lutas iniciadas em fins dos anos 1970 contra a ditadura militar. Daí a conclusão — a meu ver simplista — de que se os novos movimentos sociais, que ressurgiram no seio de um regime extremamente autoritário e foram, inclusive, determinantes para o fim deste, caracterizavam-se, em grande medida, pela sua luta em prol da democracia.

Para detalhar melhor esse conceito, destacarei os cinco pontos ressaltados por Dagnino e que estariam na essência da *nova cidadania*. Para facilitar o comentário desses pontos, dividirei a citação em duas partes:

> 1) O primeiro ponto se refere à noção mesma de direitos. A nova cidadania assume uma redefinição da ideia de direitos, cujo ponto de partida é a concepção de um direito a ter direitos. [...] O direito à autonomia sobre o próprio corpo, o direito à proteção sobre o meio ambiente, o direito à moradia, são exemplos [...] dessa criação de direitos novos. Além disso, essa redefinição inclui não somente o direito à igualdade, como também o direito à diferença [...].
>
> 2) [...] ao contrário de outras concepções, não está vinculada a uma estratégia das classes dominantes e do Estado de incorporação política gradual dos setores excluídos [...] Nesse sentido, é uma estratégia dos não cidadãos, dos excluídos, uma cidadania "desde baixo".

---

3. DAGNINO, Evelina. Cultura, cidadania e democracia: a transformação dos discursos e práticas na esquerda latino-americana. In: _____; ÁLVAREZ, Sonia E.; ESCOBAR, Arturo (Orgs.). *Cultura e política nos movimentos sociais latino-americanos*: novas leituras. Belo Horizonte: Ed. da UFMG, 2000, p. 82-83.

3) [...] a nova cidadania transcende uma referência central no conceito liberal: a reivindicação ao acesso, inclusão, participação e pertencimento a um sistema político já dado. O que está em jogo, de fato, é o direito de participar na própria definição desse sistema, para definir de que queremos ser membros, isto é, a invenção de uma nova sociedade. [...] Práticas políticas recentes inspiradas pela nova cidadania, tais como as que surgem nas cidades governadas pelo Partido dos Trabalhadores/Frentes Populares, onde os setores populares e suas organizações abriram espaço para o controle democrático do Estado...[4]

Tal conceito então perpassaria pela demanda por novos direitos, por mais díspares que sejam, sendo que poderiam ser resumidos num único: *o direito a ter direitos*. Isso expressaria o momento da sociedade brasileira, no qual há uma conscientização de todos os setores, movimentos organizados ou não, de seu papel social como cidadãos.

Ao acreditar que essa *nova cidadania* não estaria vinculada a uma estratégia da classe dominante e que seria, portanto, uma estratégia dos "não cidadãos", Dagnino desconsiderava, inexplicavelmente, a história do movimento operário e a luta dos trabalhadores na conquista dos direitos obtidos desde o século XIX. Além do mais, entende, erroneamente, que esses direitos teriam sido concessões da classe dominante numa estratégia para incorporar os "excluídos".

Cabe destacar que a autora toma como "nova" uma concepção de cidadania restrita à participação política que, ao não pôr em questão a desigualdade oriunda do império da propriedade privada, em nada afronta os princípios da definição liberal.

Não esperando mais para que o mercado os incluísse socialmente, os "não cidadãos" foram buscar o seu direito de participar na definição do sistema que querem viver. Mas, para exemplificar essa situação, a autora cita a experiência do orçamento participati-

---

4. Idem, p. 86-87.

vo em algumas prefeituras do país governadas pelo PT ou por Frentes Populares, onde "setores populares e suas organizações abriram espaço para o controle democrático do Estado", o que, me parece, um pouco exagerado. Mesmo sem que aprofundemos essa discussão, é possível destacar que as experiências de orçamento participativo nessas prefeituras preocupam-se com uma ínfima parte do montante total da renda desses municípios e, por outro lado, afirmar que podem representar exemplos de "controle democrático do Estado" é algo totalmente descabido, visto que as formas tradicionais de divisão dos poderes e mandato representativo permanecem intocadas.

A seguir, cito os dois últimos pontos que explicariam a tal *nova cidadania*, segundo Dagnino:

> 4) A nova cidadania é um projeto para uma nova sociabilidade: não somente a incorporação no sistema político em sentido estrito, mas um formato mais igualitário de relações sociais em todos os níveis [...] Um formato mais igualitário de relações sociais em todos os níveis implica o "reconhecimento do outro como sujeito portador de interesses válidos e de direitos legítimos" [...] Esse tipo de projeto questiona não somente o autoritarismo social como modo básico de ordenamento social no Brasil, como também os discursos neoliberais mais recentes, que estabelecem o interesse privado como medida de tudo, negando a alteridade e, portanto, obstruindo as possibilidades de uma dimensão ética da vida social.
>
> 5) Essa concepção ampliada de cidadania implica, em contraste com a visão liberal, que a cidadania não está mais confinada dentro dos limites das relações com o Estado, ou entre Estado e indivíduo, mas deve ser estabelecida no interior da própria sociedade.[5]

Ao afirmar que a nova cidadania baseia-se em "um formato mais igualitário de relações sociais" a autora deixa bastante claro o que já vinha nos tópicos anteriores de maneira mais indireta, ou seja, esse projeto não leva em consideração o referencial da luta de

---
5. Idem, p. 88-89.

classes, o que leva Dagnino a acreditar que haja uma maior igualdade nas relações sociais. Por isso é tão necessário, para procurar manter a lógica de sua argumentação, afirmar que tal projeto tenha tido origem nas lutas do chamado *novo* sindicalismo, pois, assim, desqualifica a principal característica desse movimento, a saber, o classismo.

A autora, quando aponta a existência de uma maior igualdade nas relações sociais no Brasil, o que implicaria no "reconhecimento do outro como sujeito...", pode estar se referindo a soluções negociadas em acordos tripartites, como o acordo das montadoras de 1992-1993, que — como vimos anteriormente — não expressou, de maneira alguma, uma igualdade nas relações sociais.

Por fim, novamente, a autora demonstra desconhecer a história de conquistas da classe trabalhadora mundial, quando afirma que a nova cidadania se contrasta com a visão liberal por não estar "mais confinada dentro dos limites das relações com o Estado", considerando que os direitos obtidos pelos trabalhadores desde o século XIX não foram conquistas e sim benesses da burguesia ou do Estado.

Paoli e Telles também contribuem para a caracterização desse novo projeto de cidadania. Segundo elas, a ampliação dos movimentos sociais no Brasil nas últimas décadas, além do campo sindical e eleitoral, para o da ecologia, de gênero, dos direitos humanos, de raça e etnia etc., veio permitir que em torno desses sujeitos coletivos se abrissem "horizontes de possibilidades que não se deixam encapsular nas suas singularidades de classe, gênero, raça ou etnia, pois a conquista e reconhecimento de direitos tem o sentido de invenção de regras da convivência pública e de princípios reguladores de uma sociabilidade democrática".[6]

Dessa forma, a ampliação dos movimentos sociais em nosso país teria pulverizado as reivindicações de cada grupo, impossibilitando a unificação em classes e particularizando os seus anseios.

---

6. PAOLI, Maria Célia; TELLES, Vera da Silva. Direitos sociais: conflitos e negociações no Brasil contemporâneo. In: ÁLVAREZ, Sonia E.; DAGNINO, Evelina; ESCOBAR, Arturo (Orgs.). Op. cit., p. 107.

A conclusão a que as autoras chegavam parece ser a mesma de Dagnino: não haveria mais centralidade na luta de classes e sim nos conflitos setorizados entre pequenos grupos, que buscariam obter uma participação maior na sociedade, como também esperariam pelo reconhecimento do Estado.

A CUT, na lógica dessas autoras, teria tido uma postura correta ao longo da década de 1990, extremamente coerente com o novo cenário apresentado pela realidade. Com a redefinição do papel do Estado brasileiro, que passou a apresentar medidas de caráter neoliberal, como a desregulamentação das relações de trabalho e as privatizações, os movimentos sociais, em especial o sindical, passaram a exigir dos órgãos executivos negociações públicas e publicizadas e uma relação mais democrática.

Diferentemente do Estado autoritário do regime militar, que era centralizador e inibidor da participação da sociedade civil, e ainda diferentemente do Estado neoliberal, que aumenta a participação privada em detrimento da pública, Paoli e Telles propõem a ampliação para o restante do país de uma relação mais democrática entre sociedade civil e Estado, na qual a primeira teria que interferir diretamente, através dos fóruns ampliados — com a participação dos diversos segmentos da sociedade —, na gestão do segundo.

3.2 Nova cidadania e sindicalismo cutista

Como vimos, a tese defendida por Dagnino e outros levava em conta em sua argumentação que a postura adotada pelo sindicalismo da CUT nos anos 1990 era correta, pois estava em consonância com a conjuntura neoliberal de então, assim como a sua luta desde fins dos anos 1970 já objetivava a ampliação da democracia e da cidadania em nosso país.

Essa análise se encaixava perfeitamente na prática sindical que a corrente majoritária passou a implementar nessa Central, em especial, a partir da década de 1990. Não que a utilizasse para justificar teoricamente o seu possível peleguismo, mas simplesmente porque a concepção política e sindical desse grupo se aproximava da visão, destacada nas páginas anteriores, de Dagnino, Paoli, Telles e outros. Isso, sem dúvida, é uma pista para compreender melhor a tão alardeada mudança de postura da CUT na passagem dos anos 1980 para os anos 1990, que muitos autores encaixam no contexto mundial de crise do sindicalismo.

Os documentos dessa Central, a partir de 1994, nos indicam a aproximação da CUT à nova cidadania e até mesmo ao referencial teórico gramsciano, ainda que numa leitura enviesada.

Nas resoluções do 5º Concut pode-se observar, na parte que trata da plataforma da Central — portanto de sua política para o próximo período —, subtítulos bastante sugestivos, tais como: "democratização do Estado", "democratização das relações de trabalho", "democratização e controle social do sistema financeiro", "ampliação da democracia política" e "para a modernização e controle democrático do poder judiciário".[7]

A nova cidadania, de acordo com a bibliografia analisada anteriormente, tinha como objetivo a ampliação da democracia a partir da abertura de espaço nas vias institucionais e pelo que vemos nos subtítulos de tal resolução a CUT se propunha a seguir a risca essa linha, reivindicando a democratização do Estado, do sistema financeiro e até mesmo do poder judiciário, sem levar em consideração a postura de classe desse Estado. Ao que parece, a intenção era, a partir da sociedade civil, ir abrindo canais que tornassem as instituições de nossa sociedade mais democráticas.

Num dos trechos desse texto, pode-se ler o seguinte:

> A CUT em sua trajetória de luta tem ampliado cada vez mais uma ação e representação sindical que combinam a defesa das reivindicações no âmbito das relações de trabalho com a formulação e busca de conquistas de direitos sociais e políticos amplos para os trabalhadores. A perspectiva é o avanço da democracia e da cidadania no

---

7. Resoluções do 5º Concut, p. 20-23, 1994.

Brasil. [...] Para potencializar a atuação da CUT e a possibilidade de conquistas amplas, é prioridade debater e implementar suas propostas de políticas necessárias para o país com o conjunto das organizações democráticas e populares, aliadas na construção coletiva de uma hegemonia das maiorias no Brasil. Essa prioridade deve ser refletida numa estratégia de buscar uma articulação permanente neste campo democrático e popular, superando a prática de alianças eventuais e/ou conjunturais.[8]

Tal como Jácome Rodrigues, Noronha, Dagnino e outros, a resolução cutista — que expressa, certamente, a visão da corrente majoritária — considerava que a trajetória de luta da CUT tinha a perspectiva de fazer avançar a democracia e a cidadania no Brasil e, para tanto, buscava combinar as reivindicações no âmbito das relações do trabalho com a conquista de direitos sociais e políticos. Esse era o objetivo da CUT, em 1994. Entretanto, não era esse o objetivo que estava posto para a Central em grande parte da década de 1980.

Para atingir esse objetivo, a Central deveria buscar alianças com o "campo democrático e popular" — não ficando, no entanto, explícitos os participantes desse campo — na construção de uma "hegemonia das maiorias no Brasil". É praticamente impossível não percebermos a tentativa de se aproximar do referencial teórico gramsciano, não apenas pela presença do termo hegemonia, mas também pela nítida pretensão cutista em se tornar o partido que iria dinamizar a transformação dos trabalhadores, que estão sob a sua organização, em classe dirigente nacional.

Três anos depois, nos documentos referentes ao 6º Congresso, verifica-se uma ampliação dessa análise. O tema do congresso já mostrava isso: "CUT 2000: emprego, terra, salário e cidadania para todos". Ou seja, para a maioria da cúpula dirigente cutista seria factível numa sociedade capitalista — mesmo com todas as transformações produtivas e agudização da crise do capital, conforme

---

8. Idem, p. 25; grifos meus.

analisamos no primeiro capítulo — que todos que quiserem emprego sejam atendidos, que todos os camponeses tenham terra e que todos sejam cidadãos. Mas, qual seria o critério para se considerar alguém como cidadão? Ter emprego e salário? Também ter direitos sociais, políticos e civis? Em que país do mundo atualmente todos são cidadãos? Em qual região, em algum momento da história do capitalismo, todos tiveram emprego? As perguntas podem ser várias, mas ficarão sem respostas, simplesmente porque o conceito de cidadania, em detrimento ao de classe, não permite respostas a essas questões.

O texto da Direção Nacional para esse encontro, em 1997, afirmava que:

> A Frente Social pela Cidadania, atendendo aos eixos estratégicos definidos no 5º Concut, busca construir uma política de alianças com outros setores da sociedade de caráter mais permanente, no enfrentamento à política neoliberal. Com avanços e recuos, tem-se se tornado constantes algumas iniciativas conjuntas. Além da Frente, as demais políticas desenvolvidas pela CUT têm permitido o diálogo e ações pontuais com outros setores. É o caso das reformas, onde conseguimos elaborar uma proposta discutida com empresários sobre política tributária.[9]

A conquista da "cidadania para todos" fez surgir, como tática para se alcançar esse objetivo, a construção de uma Frente que — como já havíamos visto nas resoluções do congresso anterior — implicava nas alianças com as "organizações democráticas e populares". Fazia-se um balanço relativamente positivo dessa tática, "com avanços e recuos" e, então, verifica-se a mesma lógica daqueles autores que propugnavam a nova cidadania, qual seja, ignora-se a ideia de luta de classes e, consequentemente, as fronteiras de classe: "é o caso [...] onde conseguimos elaborar uma proposta discutida com empresários...". A discussão de propostas com outros setores — e não

---

9. Texto da Direção Nacional ao 6º Concut, p. 13, 1997.

classes — faz parte da tática para se alcançar a "cidadania para todos"? Mesmo não estando explícito, me parece que a leitura de Gramsci enviesada — ou maniqueísta — fazia com que esses sindicalistas lessem, no pensamento do italiano, aliança e consenso e acreditassem que isso significaria extrapolar os marcos de classe dos explorados.

As resoluções do mesmo encontro apresentam outros aspectos igualmente importantes nessa argumentação. No trecho intitulado "resistência propositiva e disputa de hegemonia", após criticar a "modernização conservadora" impulsionada pelas elites brasileiras naquele momento — ainda no primeiro mandato do governo de Fernando Henrique Cardoso, mas justamente no ano anterior às eleições presidenciais nas quais a CUT, como instituição, pedirá votos para Lula — afirmava-se o seguinte:

> Contra essa onda reacionária, é preciso resistir, repudiando o modelo anterior e apontando para um modelo diferente, comprometido com a democracia, liberdade, solidariedade, justiça social e com os interesses e necessidades da maioria da população. Isso exige dos trabalhadores e dos setores democráticos da sociedade a elaboração e apresentação de alternativas, como um conjunto de propostas, tratando de política industrial, política agrária e agrícola, além de políticas voltadas para a cidadania, priorizando emprego e formação profissional. [...] O movimento sindical é importantíssimo no processo, mas não pode elaborar sozinho para depois convocar os demais setores, esperando uma pronta adesão. [...] É necessário estabelecer uma sólida aliança do chamado campo democrático e popular, ampliando o espaço de atuação da central e disputando hegemonia na sociedade. [...] A conjuntura atual aponta para a necessidade de uma maior articulação das organizações populares da chamada sociedade civil, cabendo à CUT um papel de destaque. Isso exige da central o estabelecimento de prioridades no campo da relação com as organizações da sociedade civil, como CNBB, CPT, MST, ABI, OAB, UNE, organizações não governamentais e partidos políticos comprometidos com os interesses populares e organizações de base do movimento popular. Esse é o sentido da proposta de chamar uma Conferência

pelo emprego, pela terra e pela cidadania, e da articulação de uma Frente Popular pela Cidadania.¹⁰

Constata-se aí o que significava para a maioria dirigente da CUT: a tal "resistência propositiva": procurar setores da sociedade civil que consideravam "democráticos e populares", para constituir propostas sobre diversos temas que pudessem solucionar problemas sociais. Assim, uma vez mais, observa-se o chamado às alianças com esses setores e a ausência de uma análise que se baseasse na luta de classes.

Para organizar esses setores e constituir a Frente pela Cidadania, o movimento sindical teria uma participação fundamental, mas não poderia ter uma postura soberba e deveria construir as propostas conjuntamente para seguir disputando a hegemonia na sociedade.

A inovação nessa citação é a relação das organizações da sociedade civil, as quais a Central deveria procurar para elaborar as propostas alternativas e constituir a Frente, que também ignora o critério de classe.

As resoluções do 6º Congresso da CUT trazem ainda alguns novos elementos sobre a concepção de cidadania dessa Central:

> Na relação com o governo, é fundamental exigir a abertura, transparência e participação popular. Nas relações de trabalho, a cidadania exige a implantação de pressupostos consolidados internacionalmente, em documentos da ONU, como a declaração dos Direitos Humanos e diversas resoluções saídas das conferências sociais desta década, além das convenções basilares da OIT, como as de ns. 87, 98 e 151, entre outras.¹¹

Vê-se que a proposta de cidadania cutista se ocupava, decididamente, a permanecer nos limites estabelecidos pelo capitalismo liberal a ponto da Organização das Nações Unidas se tornar ponto

---

10. Resoluções do 6º Concut, 13 a 17 de agosto de 1997, p. 38-41. Disponível em: <www.CUT.org.br>.

11. Idem, p. 40.

de referência para a implantação de uma política cidadã. Nesse caso específico, tem que ser salientado que a defesa da implantação das convenções da Organização Internacional do Trabalho — organismo inserido na ONU — faz parte do projeto original da CUT. A novidade fica apenas por conta da inclusão dessas convenções, assim como as resoluções de outras conferências, no projeto de cidadania da Central. Isso nos suscita a conclusão de que a busca da cidadania para todos era um projeto originalmente traçado nos organismos do capitalismo internacional e que acabou sendo adaptado por essa Central Sindical para as condições específicas do nosso país.

Se considerarmos que as resoluções congressuais e o texto da direção nacional ao encontro cutista de 1997 expressam a visão da corrente majoritária — a Articulação — seria proveitoso encerrarmos essa análise procurando identificar o posicionamento de outras correntes dessa Central a respeito do *"sindicato cidadão"* para estabelecermos minimamente um contraponto com as reflexões da maioria dirigente.

Num texto, de 1995, assinado por sindicalistas que compunham a CPB, encontramos uma posição bastante acrítica quanto às resoluções defendidas pela Articulação a respeito dessa questão.

> A primeira prioridade [a ser assumida pela CUT] é a constituição efetiva da frente social de oposição, a "Frente pela Cidadania", nos níveis nacional, estadual e municipal. Essa será a ferramenta fundamental para intervir na conjuntura. [...] A partir da Frente pela Cidadania, a CUT deverá retomar as mobilizações contra a reforma da previdência pretendida pelo governo...[12]

A política da maioria dirigente nessa Central, de construir na sociedade uma frente com os setores considerados populares objetivando avançar na obtenção de direitos para os trabalhadores, era tida por essa corrente como "a ferramenta fundamental para intervir" naquela conjuntura.

---

12. Textos para a 7ª Plenária Nacional da CUT, p. 6, 1995.

Entretanto, a CSC e o MTS apresentavam argumentações menos condescendentes com a diretriz política da Articulação.

João Batista Lemos — membro da Coordenação Nacional da CSC —, em um artigo em que culpabilizava a corrente majoritária na direção cutista pelo fato dessa Central apresentar uma "tática oscilante" nos últimos anos do século passado, alternando protestos incisivos contra o governo, como a "marcha dos 100 mil" à Brasília, em 1999, com atitudes diametralmente opostas, como o arquivamento da palavra de ordem que exigia a saída de Fernando Henrique Cardoso da presidência, afirmava que:

> A CUT, que nasceu se autorrotulando de socialista, hoje está muito distante dessa ideia. A proposta de construir uma central anticapitalista, que incentive a luta de classes no rumo da ruptura, não está presente sequer nos discursos de suas lideranças. Termos como "sindicato cidadão", "tripartismo", "parceria", entre outros, são mais usuais entre os líderes cutistas convertidos à modernidade. [...] Descrente da possibilidade de superação do capitalismo, ela aposta nas saídas negociadas.[13]

Crítica contundente e que procurava resgatar princípios presentes na CUT das origens nos anos 1980. O dirigente sindical da CSC, contudo, parece esquecer que em muitos momentos, ao longo dos anos 1990, essa corrente praticamente co-dirigiu a CUT com a Articulação, formalizando uma união que obtinha maioria absoluta nos encontros dessa Central.

O MTS, por sua vez, buscava criticar a política do *"sindicalismo cidadão"*, defendida pela maioria dirigente cutista, enfatizando que era uma política que se opunha ao referencial da luta de classes. Na argumentação utilizava termos contidos nos próprios documentos da Articulação:

> A direção da Articulação defende "disputar a hegemonia na sociedade civil" e o programa para a disputa da hegemonia é o programa

---

13. LEMOS, João Batista. Crise de identidade ofusca as perspectivas. *Revista Debate Sindical*, n. 34, p. 16-17, jun./jul./ago. 2000.

da cidadania, ou seja, a implantação de pressupostos consolidados internacionalmente, em documentos da ONU, como a Declaração dos Direitos do Homem, além das convenções da OIT. [...] Na definição de estratégia da direção da Articulação não há uma palavra sobre um problema simples que temos assinalado ao longo deste texto: os cidadãos brasileiros são divididos em classes sociais cujos interesses são antagônicos. Devemos então começar por afirmar que hoje quem tem a hegemonia na sociedade são os patrões.[14]

Apesar da diretriz política elaborada pela corrente majoritária nessa Central ter sido implementada, percebe-se que ela não era consensual no interior dessa organização e que correntes sindicais minoritárias advogavam a necessidade de redirecionar a CUT para o seu caminho original, apoiado no referencial da luta de classes.

---

14. *Caderno de Teses* do 9º Congresso Estadual da CUT-RJ, 1997, p. 42.

PARTE II

Sindicalismo e Estado no Brasil após 1988. Uma crescente adesão à institucionalidade

Dentre os aspectos destacados pela literatura especializada para explicar a crise do *novo* sindicalismo no Brasil — assim como do movimento sindical em outros países — está a crescente adaptação deste às instituições da nossa sociedade capitalista ou, como mínimo, a dificuldade de se desvencilhar delas, chegando, posteriormente, a se acomodar.

Podemos citar, inicialmente, como características desse processo a relação desse sindicalismo com a estrutura sindical brasileira;

sua proximidade com os governos que sucederam o regime militar, embora diferenciada; e a mudança de postura a partir da conquista pelo Partido dos Trabalhadores — partido com o qual o *novo* sindicalismo teve uma ligação simbiótica desde a sua fundação, em 1980 — de várias prefeituras no país, nas eleições municipais de 1988, e da possibilidade iminente de vitória da candidatura presidencial de Lula, em 1989.

A passagem entre um momento e outro é colocada por vários autores como um ponto de inflexão entre uma postura sindical *combativa* e uma postura *propositiva*. Sem querer entrar no mérito da nomenclatura, quero apontar que vejo essa passagem a partir de uma nova dinâmica apresentada pelo sindicalismo em nosso país após o final dos anos 1980, mais afeito às ações institucionais e negociadas. Acredito que o problema não esteja na negociação em si, mas na negociação que, descolada de um trabalho de organização e mobilização das bases, enfraquece a resistência e favorece a aceitação das *regras do jogo*. Então, em vez de elaborar uma política alternativa, pressionando pela incorporação de novas demandas, o sindicato passa a priorizar a ação institucional e aceita negociar nos limites estabelecidos pelo poder dominante.

De antemão, apresento minhas principais hipóteses neste trecho do trabalho. A mais central delas é que o sindicalismo que surge em fins dos anos 1970, buscando diferenciar-se daqueles vigentes no pré e no pós-1964, foi extremamente combativo no enfrentamento ao Estado ditatorial com o qual se deparava, mas a partir do momento em que se iniciou um processo de *redemocratização* no Brasil, esse sindicalismo passou a adotar novas táticas, que o foram levando gradativamente a se tornar *propositivo* e, logo em seguida, até mesmo a executar políticas sociais em substituição às ações estatais.

Um apêndice nesse aspecto é a adaptação/acomodação à estrutura sindical, tão combatida no prelúdio desse movimento, pois a estrutura era, para esses sindicalistas, associada especialmente às intervenções de um Estado autoritário nas questões sindicais. Importante destacar desde já que, dos grupos que participaram do

I Conclat*, apenas as oposições sindicais possuíam uma visão extremamente crítica da estrutura sindical vigente. Mesmo porque, pelo simples fato de serem oposições, não estavam inseridas na estrutura e, logo, não eram reconhecidas oficialmente por esta.

Creio que a leitura mal sucedida do referencial teórico gramsciano teve também uma influência muito grande no que estamos chamando aqui de institucionalização do movimento sindical brasileiro, dando o suporte teórico a essa dinâmica. Paralelo a isso se vê um crescimento da utilização do conceito de cidadania, limitada aos marcos da democracia representativa, que faz com que o referencial de classe, característico nos anos 1980, desaparecesse gradativamente da teoria e da prática do outrora *novo* sindicalismo.

---

* A I Conferência Nacional da Classe Trabalhadora foi realizada no ano de 1981, em Praia Grande, São Paulo. Encontro este que, além de discutir questões nacionais dentro de uma conjuntura em que ainda primava a ditadura militar, objetivava também criar uma Central Sindical no Brasil, inexistente naquele momento. Contou com a participação de vários setores do sindicalismo brasileiro, inclusive as principais lideranças que, por falta de consenso, irão se dividir anos depois entre a Central Única dos Trabalhadores e a Confederação Geral dos Trabalhadores. As oposições sindicais, mais próximas aos que configurarão o campo cutista, tinham como maior representante a Oposição Sindical Metalúrgica de São Paulo.

CAPÍTULO 4

Sindicalismo e estrutura sindical no Brasil

4.1 Um pequeno histórico da estrutura sindical brasileira

O direito do trabalho é tradicionalmente dividido em direitos individuais ou direitos trabalhistas e direitos coletivos ou direitos sindicais, que abrangem a estrutura sindical, principal tema dessa parte de nossa discussão. Mesmo com as mudanças sofridas a partir do acirramento do conflito capital-trabalho e da própria organização dos trabalhadores, acredito — como Coggiola — que o direito trabalhista nunca perdeu, em sua essência, o objetivo de representar uma "solução defensiva do Estado burguês para prover a integração e institucionalização do conflito entre trabalho assalariado e capital em termos compatíveis com a viabilidade do sistema estabelecido".[1]

Tendo por base a tríade destacada por T. H. Marshall,[2] que caracterizaria a cidadania moderna — direitos civis, políticos e sociais,

---

1. COGGIOLA, Osvaldo (apropriando-se da ideia de Carlos Palomeque). "Sobre sindicato orgânico e contrato coletivo de trabalho". *Revista Universidade e Sociedade*, publicação da Andes, n. 10 [versão em CD-ROOM].
2. MARSHALL, T. H. *Cidadania, classe social e status*. Rio de Janeiro: Zahar, 1967.

que teriam surgido nos principais países capitalistas nessa ordem — Carvalho salienta que no Brasil a sequência original acabou se invertendo, pois aqui primeiro vieram os direitos sociais, implantados no regime pouco democrático de Vargas, que possuía como principais características a supressão dos direitos políticos e a redução dos direitos civis. De acordo com esse autor, na Inglaterra

> os direitos sociais eram menos óbvios e até certo ponto considerados incompatíveis com os direitos civis e políticos. A proteção do Estado a certas pessoas parecia uma quebra da igualdade de todos perante a lei, uma interferência na liberdade de trabalho e na livre competição. Além disso, o auxílio do Estado era visto como restrição à liberdade individual do beneficiado, e como tal lhe retirava a condição de independência requerida de quem deveria ter o direito de voto. [...] Nos Estados Unidos, até mesmo sindicatos operários se opuseram à legislação social, considerada humilhante para o cidadão.[3]

Dois aspectos precisam ser debatidos mais detalhadamente diante de tais afirmações. O primeiro é que a análise do autor ignora o fato de que essa provável incoerência só tem sentido diante de uma sociedade que se baseie nos princípios e valores liberais. Assim, Carvalho parece desconsiderar qualquer possibilidade de existir em um futuro, mesmo que longínquo, uma sociedade que não baseie a sua concepção de justiça na ideia da "igualdade de todos perante a lei" vista simplesmente a partir da liberdade do trabalho e da livre competição.

Um segundo aspecto reside na percepção do autor em associar os direitos sociais à "proteção do Estado" e, logo, a uma benesse aos menos favorecidos da sociedade. Ora, isso significa acreditar que o Estado capitalista faz concessões aos mais pauperizados gratuitamente e por puro assistencialismo, quando, na verdade, tais "auxílios" representam conquistas obtidas pelos trabalhadores —

---

3. CARVALHO, José Murilo de. *Cidadania no Brasil*: o longo caminho. Rio de Janeiro: Civilização Brasileira, 2003, p. 219-220.

decorrentes da luta de classes — ou, como mínimo, estão na lógica de acumulação do capital — vide as políticas keynesianas.

Em contrapartida, a análise apresentada por esse autor já nos possibilita constatar a relação de pouca autonomia entre a classe trabalhadora e o Estado brasileiro a partir do momento em que os direitos sociais passam a ser institucionalizados.

No 2º Congresso da CUT, em 1986, a Executiva Nacional da Central apresentou em suas teses um pequeno histórico da estrutura sindical no Brasil a partir de Getúlio Vargas, que tinha como objetivo justificar com mais propriedade as propostas de mudanças nessa estrutura — apresentadas mais à frente neste capítulo — e inicia afirmando que até 1930 os trabalhadores tinham liberdade para determinar como seriam os estatutos e a forma de organização de suas entidades, mas os governos que vieram após essa data, com a intenção de facilitar a expansão capitalista no Brasil, buscaram controlar o movimento sindical, "criando condições para intensificar a exploração dos trabalhadores sem a resistência destes".[4]

Esta, ao que tudo indica, é a posição comumente aceita nos meios acadêmico e sindical acerca do que representa a estrutura sindical no Brasil e o intuito com o qual ela foi criada. É uma análise bem próxima, por exemplo, da que faz Giannotti — antigo militante da Oposição Metalúrgica de São Paulo e autor de diversas análises do sindicalismo recente —, segundo o qual essa estrutura seria "um corpo de leis muito coerentes, amarradas entre si por um cimento ideológico claro: a colaboração das classes entre si e com o Estado", para com isso "garantir um sindicalismo dócil, manso, incapaz de atrapalhar a acumulação de capital no Brasil".[5]

No entanto, apesar de 1930 significar corretamente um marco no fortalecimento do corporativismo estatal em nosso país, as primeiras leis trabalhistas datam do período conhecido como *República Velha*. A lei de acidentes de trabalho, de 1919; a formação das Caixas de Aposentadoria e Pensões, em 1923; a criação de um

---

4. Teses da Executiva Nacional para o 2º Concut, p. 27, 1986.
5. GIANNOTTI, Vito. *O que é estrutura sindical*. São Paulo: Brasiliense, 1988, p. 9.

Conselho Nacional do Trabalho, também em 1923; a lei de férias, de 1925; e o Código de Menores, de 1926, estão dentro de um contexto internacional de *preocupação* com a questão operária, que teve origem com o Tratado de Versalhes, de 1919, no qual recomendava-se a instituição do direito do trabalho, o abandono dos princípios liberais e o início da intervenção do Estado nos assuntos trabalhistas.[6] A criação da Organização Internacional do Trabalho acontece, não coincidentemente, nesse momento. Mas, é categórico que o que levou a burguesia a se *preocupar* com as questões que afligiam o mundo do trabalho foi a eclosão da Revolução Russa.

Com certeza, os avanços no campo do direito social no Brasil após 1930 foram muitos maiores, mas isso não deve apagar totalmente as lutas e as conquistas operárias anteriores a esse ano. Da mesma forma, é preciso acrescentar que esses avanços tinham por trás de si o desejo do Estado autoritário varguista em levar o movimento operário, assim como os setores do empresariado — ambos urbanos — para dentro do Estado e, assim, melhor controlá-los, numa clara tentativa de buscar a colaboração de classe entre esses grupos sociais, como explicita o próprio Getúlio Vargas em declaração de maio de 1931:

> As leis há pouco decretadas, reconhecendo as organizações sindicais, tiveram em vista, principalmente, seu aspecto jurídico, para que, em vez de atuarem como força negativa, hostis ao poder público, se tornassem, na vida social, elemento proveitoso de cooperação no mecanismo dirigente do Estado.[7]

O Decreto n. 19.770, de março de 1931, estabelecia que os sindicatos deviam se organizar por ramos de produção econômica, reconhecia legalmente essas instituições, consagrava o princípio da unicidade — determinando que só poderia haver uma associação para

---

6. GOMES, Ângela de Castro. *Cidadania e direitos do trabalho*. Rio de Janeiro: Jorge Zahar, 2002, p. 19.

7. Citado por: MATTOS, Marcelo Badaró. *Trabalhadores e sindicatos no Brasil*. Rio de Janeiro: Vício de Leitura, 2002, p. 36.

cada profissão e todas deveriam ser reconhecidas pelo Estado — e a filiação sindical, embora facultativa, era praticamente obrigatória na medida em que, conforme decretos posteriores, apenas os sindicalizados poderiam se beneficiar da legislação social que se pretendia implantar no país. Além disso, estabelecia-se, a partir daí, o controle do Ministério do Trabalho, garantindo inclusive o poder de intervenção sobre essas entidades sindicais quando julgasse necessário.

Se o reconhecimento dos sindicatos pelo governo era uma reivindicação de anos do movimento operário brasileiro, este veio junto com o monopólio da representação e com a tutela estatal.

De 1932 a 1937, o governo federal criou leis para regular aqueles que estavam em atuação no mercado de trabalho (as leis trabalhistas), como também aqueles que dele saíssem temporária ou permanentemente teriam certas compensações (as leis previdenciárias). Mas, os trabalhadores organizados não pareciam estar dispostos a abandonar as suas tradicionais entidades de classe pelos sindicatos oficiais controlados pelo Ministério do Trabalho, Indústria e Comércio (MTIC), exceto os que sempre defenderam a adesão ao Estado e ao patronato. Os números a seguir são bem ilustrativos:

TABELA 3   Número de sindicatos reconhecidos pelo Estado no Brasil nos anos 1930

1931	32
1932	83
1933	141
1934	111
1935	73
1936	242
Total	682

Fonte: Costa, S. *Estado e controle sindical no Brasil*, p. 23. Citado por: Mattos, Marcelo Badaró. *Trabalhadores e sindicatos no Brasil*, p. 36.

Percebemos que o processo de reconhecimento dos sindicatos só ganhou maior dimensão após 1935, ano marcante para o aumento da política repressiva do governo Vargas aos trabalhadores organizados fora do âmbito estatal, assim como também foi o ano do levante conhecido como *Intentona Comunista*. De acordo com Mattos, o crescimento dos sindicatos oficiais no período 1932-1934 expressa a pressão ministerial e o interesse das bases pelos benefícios assistenciais proporcionados pelo governo aos trabalhadores sindicalizados sob a tutela estatal. Além disso, o corporativismo varguista presente na Assembleia Nacional Constituinte de 1934 permitia que, além dos representantes eleitos pelo voto direto, um grupo menor de deputados escolhidos apenas pelos associados aos sindicatos oficiais de trabalhadores e empresários compusesse a chamada *bancada classista* e participasse da elaboração da nova Constituição, o que levou muitos dos sindicalistas mais combativos a considerarem, por conta disso, a possibilidade de utilizar a tática de buscar a *Carta Sindical* — nome dado ao registro que oficializava a entidade no MITC — para participar da Constituinte e defender o fim do modelo varguista.[8]

Porém, em muitos sindicatos dirigidos por comunistas — e sua dissidência trotskista — e pelo pequeno grupo de anarquistas que ainda restava, a resistência ao enquadramento sindical ainda foi forte, ao menos até 1935, como demonstram as críticas feitas à legislação trabalhista de Vargas, em 1934, pelo jornal *Nossa Voz* de um sindicato do ramo hoteleiro dirigido por militantes do Partido Comunista Brasileiro:

> A sindicalização criada pelo outubrismo [referência à "revolução" de 1930 no Brasil] *é reprodução fiel da Carta Del Lavoro imposta a ferro e fogo pelos camisas negras ao proletariado italiano* [...] Criou-se, para substituir revolucionariamente seus direitos, os tribunais arbitrais que tudo resolvem de fato, favoravelmente ao patronato [...]. Os sindicatos ministerializados deixam de representar os anseios do proletariado, para serem o porta-voz do governo.[9]

---

8. Mattos, Marcelo Badaró. Op. cit., p. 36-38.
9. Munakata, K. *A legislação trabalhista no Brasil*, p. 87. Citado por: Mattos, Marcelo Badaró. Op. cit., p. 37.

Após um curto suspiro de liberalismo com a Constituição de 1934, Getúlio oficializa de maneira mais precisa todo o seu projeto autoritário, arquitetado desde a Revolução de 1930, com o golpe do Estado Novo. É nesse período, de acordo com Castro Gomes, que se expande o discurso que desqualifica os direitos políticos e todo tipo de práticas liberal-democráticas e que valoriza, ao mesmo tempo, os direitos sociais que "materializados com destaque nos direitos do trabalho tornam-se o centro definidor da condição de cidadania no país".[10] Um dos baluartes da estrutura sindical brasileira, o imposto sindical, foi criado nesse momento, mais precisamente em 1942; e a "bíblia do trabalhador", a Consolidação das Leis do Trabalho (CLT), que reunia e sistematizava toda a legislação trabalhista e sindical que havia sido elaborada até então, é criada em 1943.

O imposto sindical é uma contribuição compulsória referente a 1/30 do salário do trabalhador descontada anualmente, criada pelo trabalhismo de Vargas para que os sindicatos tivessem condições financeiras para se estruturar, com sede campestre, assistência jurídica, odontológica etc. e dessa forma se tornassem mais atraentes e conseguissem expandir o número de filiações, o que até aquele momento não haviam conseguido. Como os sindicatos eram instituições tuteladas pelo Estado, Vargas conseguiria a partir deles estabelecer o controle sobre a classe trabalhadora, objetivo traçado desde a ampliação da legislação trabalhista e previdenciária no início dos anos 1930.

A divisão do montante desse dinheiro seria realizada da seguinte forma: 54% ficaria com os sindicatos, 15% com a federação, 5% com a confederação, 20% com o Ministério do Trabalho e 6% com os bancos para saldar os seus custos.

O Título V da CLT, que trata da estrutura sindical, prevê, além dos outros aspectos aqui já abordados, uma forma de organização dos trabalhadores extremamente fragmentada e verticalizada. Pelo princípio da unicidade, cada categoria pode ter apenas um sindi-

---

10. Idem, p. 34.

cato por município, o que leva, por exemplo, os metalúrgicos da região metropolitana de São Paulo a serem subdivididos em seis sindicatos diferentes (São Paulo, Guarulhos, Santo André, Osasco, São Caetano do Sul e São Bernardo do Campo). Cinco sindicatos do mesmo ramo podem formar uma federação, geralmente de caráter estadual, e estas, por sua vez, em nível nacional, formariam uma confederação em cada ramo econômico, que é o órgão máximo da estrutura, abaixo apenas do Ministério do Trabalho. Após a lei que atualizou os sindicatos rurais em 1963, passamos a ter as seguintes confederações: indústria; comércio; transportes fluviais, marítimos e aéreos; transporte terrestre; empresas de crédito; comunicação e publicidade; e agricultura.

Estava, dessa maneira, formado o tripé que, segundo Giannotti, fez com que muitas das direções sindicais brasileiras ao longo de nossa história pouco tenham se importado com a base de suas categorias e que gerou como consequência a proliferação — até hoje, diga-se de passagem — dos "sindicatos de carimbos", aqueles que só têm existência nos registros do Ministério do Trabalho, mas não são representativos para com suas bases: 1) o imposto sindical, que põe anualmente muito dinheiro nas contas bancárias dos sindicatos; 2) a unicidade, que deixa esses sindicatos bastante tranquilos com a ausência de concorrentes; e 3) a falta da representação sindical dentro de cada empresa, que poderia garantir a presença permanente do sindicato no local de trabalho. Esta última está ausente da CLT não por mera coincidência.[11]

A já citada tese da Executiva Nacional da CUT apresentada no congresso de 1986 traz um balanço da legislação criada nos anos 1930:

> A unidade dos trabalhadores da empresa se dá porque todos [...] são explorados pelo mesmo capital: se o capital os reuniu no mesmo local de trabalho para explorá-los é lógico que eles estivessem reunidos no

---

11. GIANNOTTI, Vito. Op. cit., p. 24-26. Os dois últimos parágrafos estão apoiados, respectivamente, em p. 13-14 e 42.

mesmo sindicato para lutar contra a exploração. Para evitar isto, historicamente, os patrões, através do Estado (Decreto-lei n. 19.770, de 1931, e a CLT de 1943), dividiram os trabalhadores de uma mesma empresa em diversos sindicatos com datas-base diferentes. [...] Para completar sua obra, o governo proibiu a existência de central sindical [...] Hoje temos 46 anos de funcionamento desta estrutura. Nós trabalhadores fomos educados para pensarmos em nossa categoria, nossa federação, nossa confederação. Fomos educados para pensar em termos de categoria e não em termos de classe trabalhadora.[12]

Verificamos, em parte, como a CUT, principal expoente do *novo* sindicalismo, em suas origens, percebia o objetivo de Vargas e da burguesia brasileira ao criarem a estrutura sindical. É uma análise extremamente focada no referencial da luta de classes, chegando até a afirmar que a burguesia criou essa estrutura para fragmentar a classe trabalhadora e, por isso, impôs a proibição da existência de uma central sindical. O Estado, por sua vez, é visto como sendo parcial e defensor somente dos interesses dos patrões, o que, em certo sentido, demonstra que a visão dessa central sobre o Estado brasileiro era ainda a mesma do período da ditadura militar.

Outro aspecto importante a destacar do trecho desse documento diz respeito à consciência que tais sindicalistas tinham de que a estrutura sindical incentivava a formação de uma cultura corporativa que levava os trabalhadores a pensarem em termos de categoria e não enquanto classe. Daí a defesa formal do rompimento com essa estrutura para recompor a unidade dos trabalhadores.

Com o fim do Estado Novo em 1945, e os ventos ao menos aparentes de *redemocratização*, vê-se que o sistema corporativo de representação pôde tranquilamente conviver com outros tipos de regimes, como o liberal, por exemplo. O próprio movimento sindical — de acordo com o estudo já citado de Castro Gomes — por mais que tenha ensaiado críticas a esse sistema acabou por se acomodar e não organizou os trabalhadores para derrotar a estrutura sindical.

---

12. Teses da Executiva Nacional para o 2º Concut, p. 27, 1986.

O regime militar após 1964 também não alterou essa estrutura, mas esvaziou o poder da Justiça do Trabalho e criou, em 1966, o Fundo de Garantia por Tempo de Serviço, que extinguia a estabilidade no emprego após dez anos, tão criticada pelos empresários; e criou também o Instituto Nacional de Previdência Social, que buscava uniformizar a prestação dos serviços previdenciários. Em 1971, foi instituído o Fundo de Assistência Rural, que buscava incluir os trabalhadores rurais no sistema de previdência.[13]

Apesar de não mexerem muito na estrutura sindical vigente, os militares apertaram o cerco sobre os sindicatos para que estes voltassem a ser essencialmente assistenciais, como nos tempos do Estado Novo varguista. Um pequeno exemplo disso é um boletim de 1969 da campanha de sindicalização lançada pela diretoria do Sindicato dos Metalúrgicos de São Paulo: "visando o fortalecimento da categoria metalúrgica iniciamos essa campanha de sindicalização [...] como sócio você não só estará protegendo os seus direitos, mas acima de tudo amparando a sua família", pois o sindicato ofereceria a ele várias vantagens, tais como: departamento jurídico, médico e dentário, farmácia própria, colônia de férias, cooperativa de consumo, departamento educativo, social e esportivo. E conclui: "sindicato é sinônimo de segurança e certeza de melhores dias". Giannotti salienta para o detalhe de que nesse boletim nenhuma alusão é feita a qualquer aspecto reivindicativo de luta operária, exceto na frase "protegendo os seus direitos".[14]

Como indiquei anteriormente, o *novo* sindicalismo em suas origens, ao longo dos anos 1970 e início da década seguinte, dava sinais de que lutaria incansavelmente para dar cabo da estrutura arquitetada na época de Getúlio em nosso país. Duas das principais

---

13. Como o foco central deste trabalho preocupa-se com o período posterior aos anos 1980, indico algumas referências para uma análise mais aprofundada do sindicalismo brasileiro no período 1945-1978: MATTOS, Marcelo Badaró. *Novos e velhos sindicalismos no Rio de Janeiro (1955-1988)*. Rio de Janeiro: Vício de Leitura, 1999. SANDOVAL, Salvador. *Os trabalhadores param*: greves e mudança social no Brasil — 1945-1990. São Paulo: Ática, 1994, especialmente, o Capítulo 1.

14. GIANNOTTI, Vito. Op. cit., p. 20-21.

expressões desse movimento, a Oposição Sindical Metalúrgica de São Paulo (OSMSP) e o Sindicato dos Metalúrgicos de São Bernardo do Campo (SMSBC), contribuíram para reforçar essa ideia com documentos de congressos de fins da década de 1970.[15]

No seu congresso realizado em 1979, a OSMSP afirmava:

> Como se vê, este não é um sindicato que sirva ao trabalhador. A atual estrutura sindical foi criada pelos patrões contra os operários e é por isso uma estrutura sindical antioperária. O papel da oposição sindical *é o de desmantelar a atual estrutura e construir uma nova, independente dos patrões e do governo, a partir da organização de fábrica.*

Em 1978, já em seu terceiro congresso, o SMSBC fazia a seguinte análise:

> Na verdade o avanço da organização do trabalhador na luta em defesa de seus mais legítimos interesses é borrado por uma estrutura sindical que foi justamente montada, há mais de quarenta anos, com esse objetivo: impedir a organização da classe trabalhadora independentemente da tutela do Estado. Em benefício do capitalismo montou-se a estrutura sindical brasileira. O preço pago pela classe trabalhadora será, entre outros, a perda de sua autonomia de organização.

Mais de trinta anos depois é fácil percebermos que os discursos desses sindicalistas não levavam em consideração as artimanhas contidas na estrutura sindical oficial, que poderiam persuadir mesmo os que ousassem romper com ela, o que acabou por fazer com que a ruptura ficasse no meio do caminho.

De acordo com Hermínea Tavares, esses sindicalistas, oriundos da própria estrutura sindical oficial — como os de São Bernardo do Campo — não possuíam uma ideia clara de como passar das instituições corporativas a seu oposto e até estavam convencidos de que tal estrutura só se mantinha pela imposição dos governos autoritários, supondo assim que ela ruiria logo que os militares fossem

---

15. Idem, p. 61-62.

superados por um novo regime democrático. Essa crença se mostrou equivocada, já que o máximo que a onda grevista das décadas de 1970/1980 e a luta por democracia conseguiram foi abalroar a estrutura sindical que, posteriormente, não apenas se revitalizou, como também se tornou instrumento de mobilização de massas.[16]

Seguindo uma linha próxima, mas incluindo elementos originais, Boito Jr.[17] acredita que a fúria inicial desse sindicalismo no final do regime militar pode ter sim abalado a estrutura sindical brasileira, porém não a ponto de a deixar em crise, como acreditavam alguns analistas que chegaram a essa conclusão por confundirem, assim como os próprios sindicalistas, a estrutura sindical com os seus efeitos, que variam de conjuntura para conjuntura.

De acordo com esse autor, a estrutura sindical é o sistema de relações que assegura a subordinação dos sindicatos às cúpulas do aparelho de Estado e tem como seu elemento essencial a necessidade de reconhecimento oficial-legal do sindicato pelo Estado. Essa estrutura compreenderia, assim, a representação sindical outorgada, a unicidade, as contribuições sindicais obrigatórias e a tutela do Estado, particularmente da Justiça do Trabalho, sobre a atividade reivindicativa dos sindicatos. Sendo assim, o Estado, para regulamentar com rigor ou flexibilidade a vida associativa da entidade sindical, dependerá da correlação de forças, ou seja, da conjuntura. "Essa regulamentação, rígida ou flexível, é um efeito da estrutura sindical". A conclusão de Boito Jr. parece óbvia: os autores que acreditavam na crise da estrutura sindical brasileira ao longo dos anos 1980, assim como os sindicalistas que a criticavam nesse momento, a confundiam com os seus efeitos.

Ao que tudo indica, a análise anterior conclui que a tutela estatal não é imposta à força, mas é desejada pelos sindicalistas que pugnavam, no final dos anos 1970, um "modelo democrático" de

---

16. ALMEIDA, Maria Hermínea T. de. *Crise econômica e interesses organizados*: o sindicalismo no Brasil dos anos 1980. São Paulo: Edusp/Fapesp, 1996, p. 165.

17. BOITO JR., Armando. Reforma e persistência da estrutura sindical. In: _____. *O sindicalismo brasileiro nos anos 80*. Rio de Janeiro: Paz e Terra, 1991, p. 48-53.

tutela. Por isso, estariam combatendo naquele momento os seus efeitos — o "modelo autoritário" — e não a estrutura sindical em si.

Em um polo contrário, Mattos[18] acredita que a análise de Boito Jr. menospreza o conceito de corporativismo e não percebe a "possibilidade bifronte" deste, que tanto pode significar controle do Estado na vida interna dos sindicatos, quanto abertura de canais de participação no interior do próprio Estado para os dirigentes sindicais. Se utilizasse esse tipo de raciocínio, Boito Jr. explicaria o desejo dos sindicalistas pela tutela estatal em uma conjuntura mais democrática "não por 'peleguismo' ou miopia da vanguarda, mas como opção consciente de alcançar objetivos pela via da participação no interior de organismos burocrático-estatais, em conjunturas específicas".

Procurando corroborar os seus argumentos, Mattos afirma que as oposições sindicais — o setor que mais defendia a construção de uma estrutura sindical paralela — só conseguiram espaço após as greves arrebatadoras do ABC paulista de fins dos anos 1970, protagonizadas justamente por um setor que propunha o combate à estrutura sindical por dentro desta. Além do mais, como pôde-se constatar poucos anos depois, os que defendiam uma estrutura paralela acabaram por constituir uma minoria pouco significativa.

Entendo que análises como a de Boito Jr. e Hermínia Tavares pecam por serem teleológicas, pois se aproveitam do fato de que ao longo dos anos 1990 já era possível ter uma noção quase exata de onde desembocaram os anseios por mudanças na estrutura sindical que se percebia nas origens do sindicalismo cutista. Como veremos mais à frente, por mais que algumas correntes internas dessa central — como a própria Articulação — questionassem em seus documentos a acomodação da CUT frente à estrutura sindical brasileira após os anos 1980 e propusessem alternativas, o fato é que tal acomodação tornou-se perene.

---

18. MATTOS, Marcelo Badaró. *Novos e velhos sindicalismos*: Rio de Janeiro (1955-1988). Rio de Janeiro: Vício de Leitura, 1999, p. 76-79.

As análises desses dois autores também não levam em consideração alguns elementos que considero essenciais para entender essa acomodação, a saber: o efeito dos resultados da Constituição de 1988 sobre muitos desses sindicalistas, já que algumas poucas reivindicações suas foram obtidas com essa Carta, como o reconhecimento do direito de greve e a possibilidade de associação sindical para os funcionários públicos; e, por mais que tivesse um viés autoritário, a estrutura sindical brasileira deixava um espaço que permitia, através de eleições internas, a troca nos sindicatos de diretorias inteiras por outras, com concepções totalmente distintas. Após 1978, as oposições sindicais foram aproveitando esse espaço e conquistando para a CUT diversos sindicatos que tinham em suas bases grandes concentrações de trabalhadores. Assim, a conquista dos sindicatos oficiais e a perspectiva de mudar a postura destes para uma estratégia que visasse um sindicalismo mais combativo, de enfrentamento com o Estado e com o capital, passou a ser o objetivo daqueles que vieram a se organizar no interior da Central Única.

Como parte desse debate a respeito da permanência da estrutura sindical varguista mesmo após o *novo* sindicalismo, temos ainda a polêmica a respeito do fim do corporativismo estatal no Brasil ou da passagem deste para um outro tipo de corporativismo, o societal.

Acreditando que o corporativismo é um fenômeno em declínio no Brasil e nas outras regiões do planeta, Hermínia Tavares propõe a sua divisão em dois, tomando como base os estudos de Philippe Schmitter em seu artigo "Ainda um século de corporativismo?": o corporativismo estatal, associado a regimes autoritários, e o corporativismo de sociedade ou neocorporativismo, oriundo das democracias liberais do pós-guerra nos países mais desenvolvidos da Europa. Em nosso país, segundo a autora, o primeiro prevaleceu até os anos 1970 quando entrou em crise e atualmente teríamos um sistema híbrido em que as características corporativas continuariam a ter importância, mas seriam matizadas pelo pluralismo na cúpula e pela possibilidade de multiplicação dos sindicatos, na medida em que não há mais quem enquadre e defina os limites da unicidade.[19]

Já Ribeiro Costa pensa um pouco diferente e entende que o Brasil ao longo dos anos 1990 passou a vivenciar um processo de rearranjo do corporativismo no qual a tendência apontava para a expansão de um corporativismo societal, mas que poderia evoluir no sentido de consolidar um outro tipo de corporativismo, o setorial, onde somente os setores mais organizados da classe trabalhadora teriam condições de se sentirem bem representados.[20]

O que essa polêmica expressa é a continuidade da fragmentação na organização dos trabalhadores no Brasil, demonstrando toda a força que ainda possui a estrutura sindical implementada pelo primeiro governo de Vargas. Além disso, nos alerta contra interpretações que enxergam em negociações *tripartites*, como as câmaras setoriais, a superação do corporativismo, quando no máximo estaríamos assistindo ao abandono do *corporativismo estatal*.

4.2 *Novo* sindicalismo e estrutura sindical

As grandes greves metalúrgicas de São Bernardo do Campo de 1979 e 1980, que ocasionaram as deposições das diretorias do sindicato, com a repercussão obtida na mídia e a solidariedade dos setores populares mostraram para os militares que era preciso avançar para o meio sindical a sua política de abertura. Preferindo *perder os anéis*, o ministro do Trabalho do governo Figueiredo, Murillo Macedo, iniciou a abertura sindical que consistia, dentre outros aspectos, em flexibilizar um pouco o controle do governo sobre os sindicatos oficiais, ampliando a margem de ação destes e se esforçando para evitar a prática de depor diretorias

---

19. ALMEIDA, Maria Hermínia T. de. O corporativismo em declínio? In: DAGNINO, Evelina (Org.). *Os anos 90*: política e sociedade no Brasil. São Paulo: Brasiliense, 1994, p. 51-56.

20. COSTA, Vanda Maria Ribeiro. Corporativismo societal: interesse de classe *versus* interesse setorial. DAGNINO, Evelina (Org.). Op. cit., p. 59-64.

sindicais eleitas. A política salarial também foi alterada, com a introdução do reajuste semestral. Tais medidas surtiram efeitos e a estrutura sindical se tornou mais atraente para parcela do movimento sindical brasileiro. Na dialética do processo o governo militar fazia concessões para procurar se manter no controle político do país, mas em contrapartida desejava que os sindicalistas não conseguissem quebrar a estrutura sindical por dentro, já que essa passava a ser, a partir desse momento, a principal tática adotada pelo *novo* sindicalismo.

A própria conjuntura política no início dos anos 1980, com o atentado terrorista no Riocentro e a garantia de que Figueiredo realmente convocaria eleições diretas para governadores em 1982, favoreceu para que o setor mais à esquerda do MDB e o PCB se convencessem de que seria mais prudente apoiar a política de abertura dos militares, o que será um dos principais motivos da divisão do sindicalismo brasileiro, em 1983, em duas centrais sindicais (a CUT, fundada nesse ano; e a Confederação Geral dos Trabalhadores, fundada em 1986).

A política de abertura sindical de Figueiredo não impediu que, em 1983, a diretoria do Sindicato dos Metalúrgicos de São Bernardo do Campo fosse novamente deposta. Tal fato fez aparecer algo até então inédito no sindicalismo brasileiro: a campanha salarial metalúrgica nessa cidade em 1984 foi toda ela organizada fora do sindicato oficial e em desafio à legislação vigente. As comissões de fábrica organizaram o trabalho lento (operação tartaruga) no interior das empresas, o Fundo de Greve garantiu os meios materiais e os militares tiveram que permitir que a diretoria cassada assinasse a convenção coletiva com os patrões.

Essa situação leva Boito Jr. a afirmar que se essa direção sindical tivesse optado por abandonar definitivamente o sindicato oficial e iniciasse uma campanha de refiliação dos trabalhadores pertencentes ao sindicato oficial no chamado Fundo de Greve, fazendo deste a nova associação dos trabalhadores, é muito provável que fosse aberta uma crise na estrutura sindical brasileira. No entanto, quando o governo suspendeu a intervenção e convocou novas eleições para o sindicato oficial a maioria da direção optou pela reintegração à estrutura sindical.[21] Esse autor mais uma vez apresenta a sua convicção de que a única tática possível para derrubar a estrutura sindical vigente seria a construção de uma estrutura paralela, o que me parece uma simplificação extrema, e como já sugeri, uma análise bastante teleológica.

Entretanto, a pressão exercida pela estrutura oficial sobre o *novo* sindicalismo será bastante forte, como demonstra um panfleto da Oposição Sindical Metalúrgica de São Paulo por ocasião da eleição da diretoria do sindicato dessa categoria em 1981, quando ao final da campanha havia a caracterização de que a oposição finalmente venceria o pleito e derrotaria a direção vigente desde 1964. Sob a justificativa de que "a massa operária está[va] atrasada e não dá[va] para mudar a mentalidade arraigada desde os últimos cinquenta anos de uma só vez", a oposição apelou para o assistencialismo em um material intitulado "Vamos melhorar o atendimento médico":

> Todo mundo já ouviu os diretores do Sindicato dizerem que se a Oposição ganhar as eleições vai acabar com o Departamento Médico. Eles falam isso nas assembleias, nas portas de fábricas, no ambulatório e em todos os lugares, ameaçando os companheiros: "cuidado! Quando a chapa 2 ganhar o Sindicato, vai acabar com tudo: médicos, dentistas, ambulatório, colônia de férias, clube de campo... tudo". Tudo isso é mentira, companheiros. A diretoria do Sindicato fala isso porque tem medo de perder as eleições. Vamos ter médicos nas subsedes.[22]

Mais coerente neste caso era a direção *pelega* do sindicato porque, como mostrei antes, a Oposição Metalúrgica de São Paulo, um dos baluartes do chamado *novo* sindicalismo, fazia nos anos 1970 um discurso bastante crítico à estrutura sindical e aos mecanismos assistencialistas contidos nesta para atrair os trabalhadores e transformar os sindicatos em organismos pouco combativos. No entanto,

---

21. Boito Jr., Armando. Op. cit., p. 78-79.
22. Panfleto da OSMSP citado em: Giannotti, Vito. Op. cit., p. 22-23.

é preciso levar em consideração em nossa análise as contradições existentes na luta de classes, especialmente em períodos mais tenebrosos, como as ditaduras.

Como já assinalei, nos documentos dos setores que irão fundar a Central Única dos Trabalhadores em 1983 são encontradas muitas críticas à velha estrutura sindical, assim como também propostas de organização. A questão era tão séria para esses grupos que em setembro de 1980 foi realizado um Encontro Nacional dos Trabalhadores em oposição à atual Estrutura Sindical (Entoes) que contou com a presença de 500 delegados, "dirigentes sindicais combativos da cidade e do campo".

Dentre as questões aprovadas nesse encontro, estava a necessidade de construir uma Central Única "vinculada às bases e não à estrutura sindical e eleita de forma direta, por todos os trabalhadores", pois se deveria "ter a preocupação de construir um movimento sindical unitário e não pedirmos ao Estado que garanta, através da legislação, um sindicato único por categoria". Criticava-se também a Unidade Sindical, definindo que deveriam combatê-la "enquanto um instrumento que vem servindo a uma prática cupulista, burocrática, pelega e autoritária e que por esse caminho pretende-se transformar num Comando ou numa Central Sindical sob controle dos reformistas e pelegos".[23]

Em um material referente às teses desse encontro podemos numa delas perceber melhor as razões para a cisão entre o grupo que se convencionou *novo* sindicalismo e a Unidade Sindical, que se confirmará em 1983:

> Reformistas que atuam na área sindical aliados e comprometidos com pelegos importantes, como é o Joaquim Andrade, tomaram a iniciativa de organizar a Unidade Sindical e tem concentrado todos os seus

---

23. *Construir. Voz dos trabalhadores*. Da Ação Católica Operária (ACO). Recife, n. 9, out. 1980. A Unidade Sindical era formada por lideranças tradicionais do movimento sindical anterior a 1978 e por militantes do PCB, do PC do B e do MR-8. Esses grupos formarão a Confederação Geral dos Trabalhadores, em 1986. Eram taxados, por aqueles que fundarão a CUT, como sindicalistas conciliadores.

esforços para controlá-la e mantê-la a serviço de sua política. Eles pretendem juntamente com os pelegos ocupar a cúpula do movimento sindical. Trancados nessa cúpula, pretendem decidir para o conjunto dos trabalhadores o que deve e o que não deve ser feito. Não estão interessados em transformar a estrutura sindical atrelada, pois essa estrutura que favorece o peleguismo sindical é a que favorece também seus métodos cupulistas e burocráticos e sua política de conciliação de classes.[24]

Num momento de embate contra os sindicalistas tradicionais, que dominavam o cenário sindical brasileiro no período anterior às primeiras explosões grevistas no ABC paulista em fins dos anos 1970, os *novos* sindicalistas se posicionavam enfaticamente bem distantes da estrutura sindical vigente. Segundo eles, a Unidade Sindical, ao contrário, além de defensora dessa estrutura, seria adepta de métodos cupulistas, burocráticos e colaboracionistas com patronato.

Na primeira Conferência da Classe Trabalhadora (1º Conclat) em 1981, foram definidas algumas questões quanto ao direito do trabalho e ao sindicalismo. Em relação ao primeiro, afirmava-se que a legislação trabalhista no Brasil não exprimia os interesses da classe trabalhadora e por isso se exigia a criação de um Código Nacional do Trabalho que fosse uma alternativa aos golpes e pacotes do governo e dos patrões. No entanto, enquanto esse Código não existisse, o movimento sindical deveria lutar por algumas metas: a revogação imediata do Título V da CLT, o pleno cumprimento dos dispositivos da CLT de proteção aos trabalhadores e demais leis trabalhistas e a revogação dos dispositivos da Constituição e de todas as leis e regulamentos limitativos dos direitos econômicos e sociais dos trabalhadores e de ação sindical.

Quanto ao sindicalismo defendia-se, dentre outros aspectos, que os sindicatos deviam ser independentes do Estado, do patronato, das confissões religiosas, dos partidos e outras associações

---

24. Teses a serem apresentadas no 1º Encontro dos Trabalhadores contra a Estrutura Sindical. Rio de Janeiro. Sem data e com assinaturas ilegíveis.

políticas; que os trabalhadores, inclusive na administração pública, teriam o direito de se sindicalizar; que os membros dos sindicatos deviam determinar livremente os estatutos e regulamentos destes; e que o movimento sindical devia ter como meta a sua autossustentação e intensificar as diversas maneiras de obter recursos próprios entre os trabalhadores e, logo, não mais necessitar dos recursos advindos do Estado, mesmo que tivessem como origem o bolso do trabalhador, como no caso o imposto sindical.[25]

No congresso em que a CUT é fundada são feitas apenas algumas declarações genéricas no sentido da transformação da estrutura sindical oficial, como "pela liberdade e autonomia sindicais", "pelo direito de expressão, organização e manifestação" e "pelo fim das intervenções nos sindicatos e reintegração das diretorias cassadas".[26]

As propostas tornam-se mais enfáticas no congresso de 1984. Dentre os pontos a serem privilegiados no plano de lutas aprovado, estava novamente a defesa da "liberdade e autonomia sindical" acrescida das exigências do "reconhecimento do direito de greve e desatrelamento da estrutura sindical do Estado, com a revogação imediata do título V da CLT"; e ainda, que o Estado reconhecesse a CUT como órgão máximo de representação dos trabalhadores brasileiros, o que demonstrava que a briga com o Estado praticamente se restringia à liberdade sindical.

Após reafirmar uma série de críticas à velha estrutura, esse congresso apontava nove princípios para uma nova estrutura sindical que deveriam balizar um projeto a ser aprovado na Plenária Nacional do ano seguinte:[27]

1. Democracia — deveria ser garantida a mais ampla democracia em todos os organismos e instâncias para garantir "a mais ampla liberdade de expressão das correntes internas de opiniões";

---

25. Tudo sobre o 1º Conclat a caminho da Central Única. São Paulo, p. 1-7, out. 1981.

26. Resoluções do 1º Congresso Nacional da Classe Trabalhadora. São Bernardo do Campo, agosto de 1983.

27. Resoluções do 1º Concut. São Bernardo do Campo, agosto de 1984.

2. Sindicato classista e de luta — "dentro da realidade de conflito de classes em que vivemos" a estrutura deveria defender a unidade da classe trabalhadora em torno de seus objetivos imediatos e históricos;
3. Ação sindical — teria como norte o combate a todas as formas de exploração utilizando-se todas as formas de luta que achar oportunas e que levem a conquistas dos trabalhadores;
4. Liberdade e autonomia sindical — a liberdade sindical em todos os locais de trabalho teria que ser garantida, assim como a soberania dos trabalhadores em suas decisões;
5. Organização sindical — os sindicatos deveriam ser organizados por ramo de atividade produtiva e os trabalhadores criariam suas formas de organização desde os locais de trabalho até a Central Sindical, que seria seu órgão máximo. As assembleias de trabalhadores decidiriam sobre seus estatutos;
6. Eleições sindicais — seriam livres e diretas em qualquer instância;
7. Sustentação financeira — os próprios trabalhadores criariam suas formas de sustentação financeira e todas as formas impostas de sustentação financeira deveriam ser abolidas;
8. Sindicalização — "o novo sindicalismo buscará a sindicalização de todos os trabalhadores visando ao fortalecimento da luta, da organização e da autonomia financeira";
9. Da unidade e da Central Sindical — é defendido o princípio da unidade entre os sindicatos, sempre pela base, que se daria desde a organização nos locais de trabalho até a Central Sindical.

Ainda nas resoluções do congresso cutista de 1984 tem-se a defesa da criação de um novo Código Mínimo de Trabalho que desse conta de problemas que a legislação trabalhista vigente não resolvia por estar ultrapassada, como: o contrato coletivo de trabalho, a negociação coletiva, a justiça do trabalho e o direito de greve.

A ideia de articular a classe trabalhadora a partir dos ramos de atividade econômica com a unificação das datas-base reaparece nas deliberações do congresso de 1986 dessa central. Os ramos propostos como referência básica para o enquadramento sindical eram: agropecuária, industrial, comércio e serviços, autônomos urbanos, profissionais liberais, serviço público e inativos. Em 1992, esses ramos passam a se subdividir em dezoito: rurais, metalúrgicos, bancários, químicos, vestuário, comerciários, educação, saúde, administração e serviço público, construção civil, mineiros, alimentação, comunicação, profissionais liberais, urbanitários, transporte, autônomos urbanos e inativos.[28]

Vemos que as propostas feitas no final dos anos 1970, de forma ainda um tanto soltas, pelos dois principais grupos que deram corpo à CUT, o Sindicato dos Metalúrgicos de São Bernardo e a Oposição Sindical Metalúrgica de São Paulo, ganham pela primeira vez um esboço de projeto com matizes mais definidas a partir da fundação da Central, onde se destacam a crítica ao imposto sindical e ao assistencialismo, a defesa da autonomia e da organização por local de trabalho como unidade básica de uma organização mais complexa que teria como ápice a Central Única, além da defesa intransigente da democracia sindical. A democracia sindical, inclusive, passará a ser uma das principais características dos sindicatos ligados à CUT ao longo dos anos 1980, onde se perceberá as eleições correntes, a proporcionalidade entre as chapas, a preocupação em expandir a participação das bases nas decisões etc.

A proposta de ser um sindicalismo "classista e de luta" certamente demonstrava também o sentido de buscar, uma vez mais, se diferenciar da Unidade Sindical que, na visão dos cutistas, não adotava o princípio da independência de classe e buscava consensos com os "setores [ditos] democráticos" do campo burguês como tática privilegiada para enfrentar o regime militar.

---

28. Resoluções do 2º Concut, p. 54, 1986; e Resoluções da 5ª Plenária Nacional da CUT, 1992.

No que tange à "sindicalização de todos os trabalhadores", incluindo os funcionários públicos, que pela legislação vigente até então não poderiam possuir sindicatos reconhecidos oficialmente, há opiniões divergentes quanto à existência ou não de contradição no fato dessa reivindicação vir ao lado da defesa de uma estrutura sindical desatrelada ao Estado.

De acordo com Boito Jr., a ânsia do funcionalismo público em converter suas associações em sindicatos atrelados à estrutura oficial — o que é conquistado com a Constituição de 1988 — representou um grande equívoco porque esse setor mostrou, ao longo dos anos 1980, "que era possível organizar os trabalhadores sem a proteção tutelar do Estado", demonstrando também que "o sindicato pode ser representativo sem a carta sindical, pode manter-se financeiramente sem o recolhimento de contribuições sindicais compulsórias e pode forçar o patronato a negociar" sem a mediação e tutela da Justiça do Trabalho.[29]

Além disso, ainda para esse autor, no período 1978-1987, de um total de 4.655 greves na área urbana, cerca de 30% foram greves de assalariados de classe média, dos quais predominou amplamente a ação grevista dos funcionários públicos. Para Boito Jr., a força desse setor nesse período, com "muito mais grevistas e mais dias parados por greve do que o setor privado da economia", se dava por conta desse "movimento não se encontrar, ainda, integrado à estrutura sindical". Na verdade, o autor utiliza esses argumentos para corroborar a sua tese do "sindicalismo de estado", ou seja, que os sindicalistas no Brasil, mesmo os que surgiram após 1978, passaram a reivindicar a tutela estatal antes mesmo de o Estado impô-la.

Mattos coloca a opção dos funcionários públicos em outros termos. Segundo ele, não resta dúvida de que essa opção expressa uma ambiguidade já que vai de encontro à defesa do rompimento com o sindicalismo oficial expresso nos discursos das lideranças do

---

29. BOITO JR., Armando. "Reforma e persistência da estrutura sindical". Op. cit., p. 64-65. O parágrafo seguinte também se refere a essas páginas.

novo sindicalismo. Isso porque as lideranças buscavam o direito de sindicalização, em grande parte, em função de reconhecerem a "importância do acesso à instituição paradigmática da intenção de conciliação de interesses de classe da proposta corporativista: a Justiça do Trabalho". Assim, a estrutura sindical oficial, apesar de todos os seus aspectos negativos, abria, na concepção desse setor do sindicalismo, outros canais de participação política significativos para a luta sindical, pois "sindicato não só é diferente, mas também é melhor e, portanto, o direito à sindicalização do funcionalismo era uma conquista".[30]

Não tenho muita simpatia pela tese do "sindicalismo de estado" e considero que o fato de as greves dos funcionários públicos nos anos 1980 se prolongarem mais do que as do setor privado não seja explicado simplesmente pelo fato de esse setor se encontrar fora da estrutura sindical oficial, mas também por uma política consciente do governo em deixar que essas greves se estendessem para que a pressão da população, usuária desses serviços, crescesse sobre o movimento e contribuísse para o seu enfraquecimento, além do fato desses trabalhadores sofrerem menos a ameaça de demissão. No entanto, acredito que o preço pago pelas lideranças do funcionalismo público brasileiro, ao optarem por transformar suas associações em sindicatos oficiais, foi muito alto, ou melhor, na relação custo--benefício, o primeiro teve um peso bem maior.

O próprio trabalho de Mattos nos dá pistas disso, ao abordar certas experiências do Centro Estadual de Professores — que após 1988 passou a se chamar Sindicato Estadual dos Profissionais da Educação, englobando tanto professores quanto funcionários das escolas da rede estadual do Rio de Janeiro. Mesmo com poucos recursos financeiros, "limitados à contribuição voluntária dos associados" e sem acesso ao imposto sindical, a entidade foi capaz de realizar manifestações vultosas desde o final da década de 1970, como demonstram as greves de 1979 e 1986. Ao tratar desta última, Mattos afirma que

---

30. MATTOS, Marcelo Badaró. *Novos e velhos...* Op. cit., p. 79.

o nível de representatividade do movimento e da entidade que o capitaneava [CEP], pode ser medido pela adesão total dos 130 mil professores de todo o estado à greve. Também é significativa a participação nas assembleias, que tinham presença girando em torno de 8 mil, número que chegou a mais de 20 mil no dia 10/04, no Maracanãzinho.[31]

Verificamos que a capacidade de mobilizar os trabalhadores, princípio básico de todo o sindicalismo que se julgue combativo, havia sido conquistada por essa entidade independentemente da sua vinculação mais direta à estrutura sindical oficial, assim como a sua manutenção financeira era realizada pelos próprios trabalhadores,[32] bem de acordo ao item número 7 do total de nove princípios para se alcançar uma nova estrutura sindical, aprovado no primeiro Congresso da CUT e já apresentado anteriormente.

No que se refere ao fato de passar a ter o acesso à "conciliação de interesses de classe" sob a mediação da Justiça do Trabalho — a parte ruim da atitude ambígua do funcionalismo público ao atrelar-se ao sindicalismo oficial, segundo Mattos, creio que a experiência da greve petroleira de 1994/1995 fala por si. Essa greve, que durou 32 dias, reivindicava o cumprimento de um acordo estabelecido no final do governo Itamar Franco e descumprido por Fernando Henrique. Quando o Tribunal Superior do Trabalho julgou a greve abusiva o movimento perdeu fôlego, sendo que até a decisão final dos magistrados havia uma ilusão de que a Justiça pudesse advogar favoravelmente em prol dos trabalhadores.

À liberdade e autonomia sindical junta-se a partir de 1986 — quando esta começa a aparecer nos documentos internos da CUT — a defesa do fim da unicidade sindical, o que corresponde a uma radicalização maior no campo do discurso dessa entidade quanto

---

31. Idem, p. 164, 165 e 205.

32. Cabe ressaltar que mesmo que o Sindicato Estadual dos Profissionais da Educação não recolha imposto sindical de seus associados, passou a ter a contribuição destes descontada diretamente na folha de pagamento e encaminhada para a sua conta corrente. Todas essas tarefas feitas pelo Estado.

à construção de uma estrutura sindical mais democrática. Assim, nos cadernos de resoluções do congresso desse ano lemos que os sindicalistas deveriam, na elaboração da Constituição de 1988, "exigir que esteja explícito o seguinte: liberdade e autonomia sindical conforme a Convenção n. 87 e n. 151 da OIT" (Organização Internacional do Trabalho).[33] A Convenção n. 87 versa sobre a liberdade sindical enquanto que a número 151, sobre a garantia de negociação coletiva na administração pública. Aqui é necessário abrirmos um grande parêntese para apresentarmos a polêmica que se estabeleceu nesse momento no movimento sindical brasileiro quanto à aceitação total ou não da Convenção n. 87.

Estas convenções foram criadas, em grande medida, após a Segunda Guerra Mundial e cabe ressaltar que a OIT faz parte da estrutura das Organizações das Nações Unidas, uma das principais entidades políticas do capitalismo mundial no pós-guerra, o que só confirma a ideia de que tais convenções, antes de terem como intuito proteger a sociedade, são frutos de uma política da burguesia mundial para manter seus interesses político-econômicos, procurando deter o avanço dos regimes socialistas vinculados à União Soviética.

A posição minoritária nessa polêmica no interior da CUT era defendida praticamente apenas pela Corrente Sindical Classista (CSC), vinculada ao Partido Comunista do Brasil, que compunha inicialmente a Conclat e, posteriormente, a Confederação Geral dos Trabalhadores, rompendo com esta em fins da década de 1980 para engrossar as fileiras da CUT.

O ponto central em debate é a questão da defesa da pluralidade sindical, que no entender dessa corrente era equivocada, devendo-se então se manter o princípio da unicidade. Um texto escrito por Borges,[34] em 1986, nos permite entender melhor a posição advogada pela Corrente Sindical Classista.

---

33. Resoluções do 2º Concut, p. 55, 1986.

34. Altamiro Borges. *Revista Debate Sindical*, n. 1, maio de 1986. É importante destacar que essa revista, ao menos naquele momento, defendia as posições do Partido Comunista do Brasil.

Segundo esse autor, inegavelmente a legislação sindical brasileira precisava ser mudada, mas a adoção da Convenção n. 87, de 1948, só serviria aos interesses da burguesia e seu conteúdo teria uma "fisionomia aparentemente progressista". Nos artigos 3 e 4, por exemplo, propõe a eliminação do atrelamento ao Estado dos sindicatos, de trabalhadores e patrões, do estatuto-padrão e das cassações sindicais. No entanto, ela não se limita a esses artigos e junto com estes "traz embutido um perigoso contrabando: o incentivo ao pluralismo sindical, à formação de vários sindicatos de uma mesma categoria numa base territorial única", ou seja, "incentiva a divisão dos trabalhadores, a pulverização de sua organização" e, assim, não impõe limites à fragmentação, deixando "os trabalhadores 'plenamente livres' para ver sua principal arma, a unidade, ser destruída pelos patrões e seus agentes".

Para Borges, a própria história da OIT e da aprovação da Convenção n. 87 deixa claro o objetivo dos capitalistas de dividir os trabalhadores e eternizar o capitalismo. Essa Organização teria sido fundada em junho de 1919, seguindo as determinações do artigo 13 do Tratado de Versalhes, com o intuito de harmonizar as relações capital-trabalho, estabilizar o sistema capitalista e evitar novas revoluções operárias, como a de 1917. A tarefa da OIT seria elaborar normas internacionais — as chamadas convenções que em meados dos anos 1980 ultrapassavam a marca de 150 — para suavizar e preservar a exploração do capital e apresentaria um lema "ilustrativo: construir a justiça social, como um dos pilares mais sólidos de uma paz universal e duradoura".

Já a Convenção 87 foi elaborada após a segunda guerra a partir da iniciativa de sindicalistas que sentiam a necessidade de criar uma norma internacional que acabasse de vez com "todo o entulho sindical corporativista herdado de Hitler e Mussolini". No entanto, ela só foi definitivamente concluída em 1948, auge da guerra fria, o que faz Borges não ter dúvidas de qual era o objetivo da burguesia internacional ao elaborar a Convenção: estimular a criação de "sindicatos paralelos e reformistas" que contivessem o "avanço das forças revolucionárias", hegemônicas dentro do movimento sindical em diversos países. O autor só esqueceu de esclarecer se está considerando como componentes dessas "forças revolucionárias" as correntes stalinistas que ao lado das sociais-democratas dirigiam o movimento sindical, em nível mundial, nesse período.

Na tentativa de embasar o seu argumento de que liberdade de organização sindical gera necessariamente a pluralidade e, portanto, favorece aos interesses da burguesia e representa divisão do movimento sindical, Borges acaba nos indicando, mesmo sem ter a intenção, que a defesa de liberdade e autonomia sindical, feita desde fins dos anos 1970 pelo novo sindicalismo, está demasiadamente próxima de uma visão liberal. A luta contra a tutela estatal não expressava em nenhum momento uma luta contra o Estado capitalista — pelo menos no que concerne à posição da corrente majoritária na CUT, a Articulação —, mas sim a luta contra a presença autoritária desse Estado na organização sindical. Sem dúvida que com isso temos ao menos uma pista para compreendermos o progressivo afastamento das bandeiras socialistas dos discursos e documentos dos cutistas a partir da "redemocratização" após 1985 e, mais precisamente, após a Constituição de 1988. Como já salientei, não é coincidência que nos documentos que expressam as resoluções congressuais cutistas — que, reafirmo, representa a visão da maioria dirigente da Central, mas não de toda a organização — a reivindicação da autonomia sindical venha junto com a defesa do reconhecimento da CUT pelo Estado, assim como é feita a crítica ao poder normativo da Justiça do Trabalho, mas em nenhum momento se critica a participação da autoridade judicial burguesa como árbitro do conflito capital-trabalho.

O fim do regime militar em 1985 e a ascensão da chamada Nova República com o governo Sarney trouxeram consigo o fim do modelo ditatorial de gestão da estrutura sindical brasileira. A partir do ministro do Trabalho Almir Pazzianotto — antes advogado do Sindicato dos Metalúrgicos de São Bernardo do Campo — foi realizada uma nova reforma sindical, um pouco mais avançada da que havia sido posta em prática na gestão de Murillo Macedo.

As medidas de Pazzianotto tinham um caráter liberalizante: anistiou as lideranças sindicais afastadas de seus cargos por força de intervenção, extinguiu o modelo rígido e detalhado do estatuto-padrão, suspendeu o controle das Delegacias Regionais do Trabalho sobre as eleições sindicais e reconheceu politicamente as centrais sindicais. Mas essa política tinha limites, pois não apenas mantinha a estrutura sindical, como também apresentava uma lei de greves muito restritiva, especialmente no que diz respeito ao setor público, a ponto de ser lugar comum no governo Sarney a repressão violenta pelo exército a movimentos grevistas, como nos casos dos trabalhadores da usina hidrelétrica de Itaipu, dos petroleiros e dos metalúrgicos de Volta Redonda.

A mudança na postura cutista a partir de então — deixando de se recusar, gradativamente, a aceitar o Estado brasileiro como um interlocutor direto e acreditando que ele poderia até mesmo interferir a seu favor no conflito capital-trabalho — se explica por algumas razões: já controlavam muito mais sindicatos oficiais do que no momento da fundação da central, em 1983; após o fim do regime militar, a aliança entre os dois principais grupos formadores da CUT — metalúrgicos de São Bernardo do Campo e oposições sindicais — já não se mostrava tão necessária; e, por fim, a maioria da direção da Central acreditava que, com o fim do poder de intervenção do Ministério do Trabalho nos sindicatos, o que havia de pior no bojo da estrutura sindical chegara ao fim.

Diante desse quadro, no congresso cutista de 1988 começou a se esboçar, ainda muito timidamente, uma autocrítica da maioria da Central, pois se trata de uma resolução congressual, quanto à luta pela mudança na estrutura sindical oficial e aponta-se o que seria o centro do problema, o imposto sindical.

> A luta contra o imposto sindical é a base para a luta contra a estrutura sindical oficial, que encontra nele o seu principal sustentáculo. Assim, o 3º Concut propõe dar caráter de massas à luta contra o imposto sindical [...] estabelecer o dia 10 de abril como *dia nacional de protesto contra o imposto sindical* [...] lançar uma campanha nacional de sindicalização [...] que desenvolva, ao nível da massa, [...] a neces-

sidade de sustentação financeira por parte dos próprios trabalhadores [...] estabelecer, em julho, um dia nacional de devolução do imposto sindical...[35]

A devolução do imposto sindical, ao que parece, era até esse momento uma medida bastante original e foi colocada em prática, ao menos, pelos sindicatos maiores e mais organizados da Central. Porém, a resolução destaca a grande dificuldade de se ignorar o que para eles era o "principal sustentáculo" da estrutura oficial: como manter um sindicato financeiramente sem o imposto? Assim, aumentar o número de sindicalizados seria a alternativa ao fim do imposto sindical, além de significar uma solução para a questão da sustentação financeira com os recursos dos próprios trabalhadores.

O grau de autocrítica caminha num crescente com o passar dos anos, em que pese que a essa autocrítica estará atrelada uma proposta de organização sindical bastante diferente daquela defendida no Congresso de 1984.

As resoluções do congresso de 1991, ao destacarem os problemas a serem resolvidos pela Central, utilizaram como justificativa destes o fato de que "a velha estrutura viciada e corporativa do movimento sindical" não havia sido substituída por aquela que projetaram em anos anteriores, como também não haviam conseguido "implantar a contento a prática sindical aprovada nos três últimos congressos da CUT".[36]

Em 1994, afirmava-se, nas resoluções do 5º Congresso, que a CUT, apesar de ter surgido contra a legislação sindical vigente, não conseguiu romper com muitos dos parâmetros oficiais de organização sindical porque esbarrou nas mesmas questões que criticava e deixou os trabalhadores manterem a referência no sindicalismo oficial, assim como usufruírem das prerrogativas que apenas entidades sindicais oficiais possuem, como a representação junto ao judiciário trabalhista, negada quando sua legitimidade é passível

---

35. Resoluções do 3º Concut, p. 35, 1988; grifos no próprio texto.
36. Resoluções do 4º Concut, 1991.

de contestação. Tal processo de acomodação estaria gerando sérias consequências que prejudicavam ainda mais o projeto original da Central:

> Alicerçada sobre os sindicatos oficiais, a CUT enfrenta agora uma tensão crescente entre a acomodação à estrutura oficial e a consolidação de seu projeto sindical [...] essa acomodação, que pode chegar a uma adesão ao modelo corporativista, tem favorecido a burocratização, a ausência de controle das bases sobre as direções sindicais e, no limite, o abuso de poder e violência, sinais de degeneração da prática sindical.[37]

A burocratização destacada nesse trecho da resolução levou esse congresso a apontar a necessidade de se criar um "código de ética" que pudesse uniformizar os procedimentos de custeio das despesas dos dirigentes sindicais.

Fica nítido que a maioria dos cutistas se dava conta, mais de dez anos depois, da teia institucional em que haviam se prendido, pois esse processo de acomodação/burocratização em que se encontravam nada mais era do que uma consequência dos encantos dos benefícios de uma estrutura que, não a toa, dura tanto tempo em nosso país. A dúvida quanto à "adesão ao modelo corporativista" é apenas uma afirmação vazia de quem vem fazendo autocrítica em doses homeopáticas.

Um ano antes, Miguel Rosseto,[38] da corrente Cut Pela Base, apontava outros elementos importantes para tentar explicar esse distanciamento da Central de sua perspectiva inicial de romper com o sindicalismo oficial. Segundo ele, o perfil dos sindicatos cutistas não tinha mudado substantivamente, mas "na sua construção vertical, sofreu grandes pressões para imitar o perfil celetista; houve um processo de assimilação à Justiça do Trabalho". Uma expressão desse desvio de rota era a dificuldade dos sindicatos dessa Central absorverem os trabalhadores das empresas

---

37. Resoluções do 5º Concut, p. 26, 1994.
38. Textos para a 6ª Plenária Nacional da CUT, p. 41, 1993.

terceirizadas. A estrutura sindical, em sua visão, não representava um aspecto apenas organizativo, mas também ideológico, já que se refletia nas práticas dos dirigentes e militantes no interior da CUT, com hegemonismos, monolitismos, política de feudos etc. E conclui seu raciocínio dizendo que há uma "alma celetista" no interior da CUT que tem a continuidade da sua tradição expressa na ausência de uma política de organizações por local de trabalho; na manutenção do mesmo tipo de direções, como a presidencialista e autoritária; na manutenção do assistencialismo nos sindicatos; na perda da perspectiva da luta pela liberdade e autonomia sindical; e na deflagração de lutas corporativas e essencialmente economicistas.

Sem dúvida que esta última autocrítica expressa muito mais radicalismo do que as que fazem parte das resoluções congressuais, justamente por ser realizada por uma corrente minoritária no interior da Central — e que até o início dos anos 1990, se opunha claramente à Articulação — o que, de certa forma, a exime das maiores responsabilidades nessa mudança de rota ou nesse objetivo não alcançado. Na análise feita por Rosseto, a CUT foi pouco feliz na tentativa de mudar a estrutura oficial e ainda por cima trouxe essa estrutura para dentro de seus organismos.

Quando já estava, ao que parece, conformada com o modelo de Estado menos autoritário, oriundo do novo processo de "redemocratização" após 1985, a CUT passou a maturar a proposta de contrato coletivo de trabalho e de uma "estrutura sindical cutista", como uma alternativa à manutenção da essência da estrutura sindical varguista. É no congresso de 1991 que essa proposta surgiu com mais propriedade, justamente no momento em que a Articulação passa a denominar a postura sindical dessa Central de *sindicalismo propositivo*. O contrato coletivo é pensado pelos cutistas como um meio para garantir "um patamar mínimo para todos os trabalhadores e preservando as particularidades de cada categoria e região do país", sendo que para isso era necessário que a CUT se consolidasse "enquanto estrutura sindical, estabelecendo a partir de uma ampla discussão uma política de transição para passar da estrutura oficial a uma estrutura sindical cutista". Apresentavam-se, então, maiores características dessa proposta:[39]

> o modelo de negociação coletiva ainda vigente mantém os princípios cardeais do corporativismo, como a interferência da Justiça do Trabalho, a negociação burocrática e a separação dos trabalhadores em categorias. Portanto, a proposta de contrato coletivo de trabalho deve romper com estes pressupostos, restaurando princípios como a não dependência da data-base para as negociações, a possibilidade das centrais sindicais celebrarem acordos nacionais que normatizem contratos individuais de trabalho e as contratações coletivas de níveis inferiores, como por ramo de produção e serviço, categoria, setor ou empresa, e o fim do poder arbitral da Justiça do Trabalho.

Mais à frente era feita uma ressalva, demonstrando que com o Estado pós-militar era possível ter um outro tipo de relação: "a negação da intervenção do Estado na vida trabalhista não pode significar a volta da 'lei da selva' do pleno liberalismo econômico", por isso, e levando-se em consideração que o Brasil é um país capitalista, o que faz com que a correlação de forças penda sempre para o lado do capital, "faz-se necessária a luta pela aprovação de uma legislação que garanta os direitos gerais dos trabalhadores" e que não podem ser questionados em qualquer negociação. Ou seja, o Estado não deveria intervir na esfera dos direitos coletivos para que preservasse o princípio da liberdade e autonomia sindical, mas deveria intervir na esfera dos direitos individuais, legislando leis trabalhistas que protegessem os trabalhadores da ditadura do mercado.

Apesar dessa proposta ter sido um pouco modificada nos anos posteriores — em 1993 é apresentada com alguns adendos ao ministro do Trabalho, Walter Barelli (um ex-assessor sindical), por ocasião do Fórum Nacional sobre Contrato Coletivo e Relações de Trabalho — e apesar de não ser totalmente consensual no interior da Central, algumas considerações são necessárias.

---

39. Resoluções do 4º Concut, 1991. Essa proposta surge nas teses da corrente interna *Força Socialista* e, como vemos, foi aprovada na íntegra. *Caderno de Teses* para o 4º Concut, p. 63, 1991.

É questionável considerar que o contrato coletivo de trabalho formulado por esses sindicalistas, que eram maioria na direção da CUT, pudesse substituir a estrutura sindical corporativa. Por outro lado, é uma proposta bastante próxima à neoliberal no que tange às relações de trabalho, defendida pelos patrões no início dos anos 1990, como bem demonstra Galvão.[40]

Segundo essa autora, apesar de a CUT partir de uma perspectiva oposta à neoliberal — pois enquanto esta combate a legislação trabalhista e propõe a sua desregulamentação, os cutistas atribuem ao Estado a definição de direitos mínimos que não poderiam ser desrespeitados pela contratação coletiva — aproximava-se dela quando defendia que o contrato coletivo em caráter nacional fosse complementado por contratos de menor abrangência, de acordo com as especificidades regionais e setoriais, e contribuía para corroborar o argumento patronal de que as condições entre os setores industriais e as regiões são distintas, o que podia inviabilizar a definição de regras de validade nacional ou rebaixá-las a um nível ínfimo, representando menor custo para as empresas.

Além disso, a CUT, ao defender que a legislação preservasse direitos mínimos, nivelava as condições de trabalho ao patamar inferior e deixava cada categoria à sua própria sorte, lutando de acordo com as condições econômicas e de organização do setor em que estava envolvida. Na realidade, essa posição acabava, mesmo sem querer, sendo fragmentadora e até em certo sentido corporativista, pois propunha que os setores mais desenvolvidos e organizados não fossem impedidos por lei de obterem ganhos superiores aos demais.

Essa situação não pode ser vista meramente como uma capitulação frente aos patrões, já que a idelologia neoliberal, que se fortalece no Brasil a partir dos anos 1990, traz consigo uma aparente democracia que cai como uma luva em um país recém-saído de

---

40. GALVÃO, Andréia. A CUT na encruzilhada: impactos do neoliberalismo sobre o movimento sindical combativo. *Revista Ideias*. Campinas, IFCH, Unicamp, ano 9, n. 1, p. 115-119, 2002.

um regime ditatorial. Riedel, em um texto de fins dos anos 1990,[41] apresenta um pouco da sua experiência como diretor técnico do Departamento Intersindical de Assessoria Parlamentar (DIAP) e participante de reuniões com representantes dos neoliberais e do governo a respeito da organização sindical. A pauta nessas reuniões era a mesma da debatida no movimento sindical: liberdade sindical, Convenção n. 87 da OIT, organização no local de trabalho, fim do poder normativo da Justiça do Trabalho, fim do imposto sindical, sistema democrático de relações de trabalho e contrato coletivo de trabalho.

Riedel observa que vivenciava uma situação muito confusa, pois "a primeira impressão é a de que eles tinham 'vestido a camisa dos trabalhadores', que as divergências haviam sido superadas". Mas, a questão é que "eles são profissionais muito hábeis e tomam as nossas bandeiras, com posição totalmente invertida". Assim, quando os trabalhadores estavam falando sobre sistema democrático de relações de trabalho referiam-se a que a legislação não tivesse o sentido de imposição contrária aos interesses de sua classe; já os neoliberais estavam se referindo à flexibilização dos direitos trabalhistas, porque para eles era "democrático" não existirem direitos reconhecidos legalmente, como férias e/ou repouso semanal remunerado. Quando os patrões falavam na extinção do poder normativo da Justiça do Trabalho queriam, em contraste com os trabalhadores, que os tribunais não reconhecessem nenhum de seus direitos, mas punissem a eles e a seus sindicatos. Quando os sindicalistas falavam da Convenção n. 87 o faziam no sentido da liberdade sindical sem a interferência do Estado e do poder econômico para que estabelecessem a sua própria organização sindical; já os patrões queriam pulverizar a organização sindical para criarem o sindicato por empresa.

A conclusão a que Riedel quer que cheguemos dessa experiência descrita por ele é que a classe trabalhadora tem que dizer exa-

---

41. RIEDEL, Ulisses. Legislação e sindicato. *Universidade e Sociedade*, publicação da Andes, n. 18 [versão em CD-ROM].

tamente o que quer, explicando minuciosamente as suas propostas e não pode simplesmente levantar ao ar as suas bandeiras sem apresentar os seus conteúdos. Mas, creio que a conclusão deva ser muito mais aprofundada. A tentativa dos patrões — ou os *"neoliberais"* — de se apropriarem das propostas da CUT para aprovarem outras com conteúdos mais prejudiciais aos trabalhadores não se deve necessariamente a uma perspicácia burguesa, mas também ao fato de que as propostas da Central Única estão, a partir da década de 1990, cada vez mais próximas da concepção liberal. Pode-se até mesmo afirmar que isso não é exclusivo dos anos 1990, pois algumas bandeiras defendidas nas origens da CUT, como a Convenção n. 87 da OIT, possuem nítidos traços liberais.

A Força Sindical, que é uma Central que surge no início dos anos 1990 no calor do avanço das ideias neoliberais e do fim do *socialismo real*, apresenta propostas de cunho liberal bastante próximas das que a CUT passou a defender cada vez mais, ao longo dessa década. Para ilustrar, destacamos algumas diretrizes do livro-programa da Força, a respeito das relações trabalhistas:

> Deve prevalecer a livre organização sindical, nos moldes da Convenção 87 da OIT, sendo vedadas a intervenção e interveniência do poder público na sua organização e forma de representação;
> Novos mecanismos de atuação devem ser colocados à disposição dos envolvidos, tais como: contrato coletivo de trabalho, participação dos trabalhadores nos lucros e produtividade das empresas [...];
> Deve ser revisada a obsoleta figura da carteira de trabalho e a atual CLT substituída definitivamente por um moderno código do trabalho;
> A Justiça classista deve ser reformulada, com o fim de seu caráter normativo.[42]

Vários desses aspectos vieram sendo apresentados ao longo desse texto como propostas cutistas. A participação dos trabalhadores nos lucros e produtividade das empresas também é uma

---

42. Força Sindical. *Um projeto para o Brasil*: a proposta da Força Sindical. São Paulo: Geração Editorial, 1993, p. 108.

proposta da maioria do setor dirigente da CUT, como vimos no Capítulo 2.

Por tudo o que foi dito antes, entendo que o discurso elaborado pelos sindicalistas da Central Única dos Trabalhadores ao longo da década de 1980, de crítica à estrutura sindical oficial e — ao menos enquanto um projeto — de propostas para a sua superação vai aos poucos sendo esquecido na década seguinte, e tal discurso, apenas na primeira metade dos anos 1980, não se contradiz com a prática assumida pelo conjunto dos dirigentes sindicais cutistas. Isso, contudo, corrobora a hipótese apresentada no início deste capítulo e, assim, considero que o discurso e a prática cutista são convergentes somente na fase da luta que os sindicalistas dessa Central empreenderam contra a ditadura militar e o seu modelo mais autoritário de estrutura sindical.

Para melhor sintetizar essa contradição entre discurso e prática da CUT, irei me ater à postura diante dos três pilares — já apresentados — destacados por Giannotti,[43] e que o faz concluir que as direções sindicais no Brasil, ao longo da história do sindicalismo, após a implantação da estrutura sindical corporativa, pouco tenham se importado com a base de suas categorias e com isso permitiram a proliferação dos "sindicatos de carimbo": o imposto sindical, a unicidade e a pouca preocupação com as organizações por local de trabalho.

Apesar de defender o fim do imposto sindical, a CUT permaneceu concordando com a manutenção da contribuição assistencial compulsória e ignorou o fato de que mantendo essa taxa assistencial estava se comprometendo com o conjunto da estrutura sindical oficial. De acordo com a pesquisa realizada por Jácome Rodrigues junto aos delegados do 4º Concut, em 1991, 80% desses participantes afirmavam que seus sindicatos recolhiam o imposto sindical, mas apenas 30% admitia que a devolução desse dinheiro era realizada. Sobre os serviços assistenciais, 56% apontava que seu sindicato não dispunha de serviço médico, 50% não forneciam aos

---

43. GIANNOTTI, Vito. *O que é estrutura sindical*. Op. cit., p. 24-26.

associados atendimento odontológico e apenas 4% não forneciam serviços jurídicos.[44] Assim, é possível concluirmos que oito anos após o nascimento da CUT e mais de dez anos depois do início do chamado *novo* sindicalismo pelo menos metade dos sindicatos dessa Central continuavam a ser assistencialistas e permaneciam sobrevivendo da contribuição compulsória de seus filiados.

No 6º Concut, em 1997, a Central voltava a aprovar resoluções que visavam a autossustentação financeira e não dependência do imposto sindical:

> o 6º Concut estabelece o prazo de até três anos (7º Concut), para que todos os sindicatos da CUT não dependam financeiramente de quaisquer contribuição compulsória dos associados ou não associados. Para isso, todos os sindicatos da CUT tem até a 10ª Plenária para modificar seus Estatutos, proibindo a cobrança de taxas compulsórias dos associados e dos não associados, adequando suas estruturas à sustentação financeira, baseada em contribuições expontâneas [sic] dos associados e não associados e outras formas de arrecadação de recursos. [...] o 6º Concut define a obrigatoriedade da cobrança de um percentual mínimo de 1% de mensalidade por parte dos sindicatos da CUT. Esse é um passo necessário para a independência dos sindicatos frente ao imposto sindical e outras taxas compulsórias.[45]

Pelo limite do recorte cronológico estipulado nesta pesquisa, fica difícil aferir se essa resolução foi o suficiente para desatrelar os sindicatos da CUT da dependência desse imposto. A postura mais recente da CUT, em propor prazos de transição para o fim do imposto, no entanto, parece indicar que a resolução de 1997 ainda não foi implementada.

A Convenção n. 87 da OIT, que propõe a pluralidade sindical, demandou pouca mobilização por parte dos cutistas, de acordo com Boito Jr. Quando Almir Pazzianotto levantou a discussão sobre a sua

---

44. RODRIGUES, Iram Jácome. *Sindicalismo e política*: a trajetória da CUT. São Paulo: Scritta, 1997, p. 219-220.

45. Resoluções do 6º Concut, p. 99, 13 a 17 de agosto de 1997. Disponível em: <www.cut.org.br>.

ratificação, a Central teria se limitado a emitir algumas notas de apoio, o que contrastava com a atitude do bloco de sindicalistas que era contrário a essa medida, que realizou reuniões, fez pressão sobre o Congresso Nacional e acabou contribuindo para o arquivamento dessa proposta. Na Constituinte de 1988, a CUT, como um todo, também teria pouco se mobilizado para a aprovação da Convenção n. 87, o que foi uma prática totalmente diferente da que havia tido com as várias emendas populares das quais havia participado da elaboração, a ponto de que, no dia em que o Congresso aprovou a unicidade, "não havia, segundo depoimentos obtidos, sequer vinte sindicalistas da CUT nas galerias do Congresso Nacional".[46]

Mesmo assumindo desde seu primeiro congresso o compromisso de ampliar as organizações por local de trabalho, no máximo podemos considerar que isso foi feito de forma bastante tímida por essa Central. Segundo Schürmann, no encontro de 1986 se abriu mão da ênfase nesse instrumento de organização quando a Articulação Sindical conseguiu derrotar a posição defendida pelos setores mais à esquerda de horizontalizar a estrutura cutista. Muito embora tenhamos que considerar a trava imposta pela legislação sindical e pelos setores do empresariado que, exceto no ABC paulista, reprimiram a existência dessas organizações, um dos principais fatores para que elas não tenham se generalizado foi a oposição de muitos dirigentes sindicais preocupados com a autonomia e o paralelismo que poderiam causar. Um trecho da entrevista de José Maria de Almeida, coordenador do projeto das organizações por locais de trabalho na Central, em 1995, aponta as duas posições inerentes no movimento sindical brasileiro a respeito delas:

> [...] a primeira posição defendia que a luta não se restringia ao chão da fábrica, mas extrapolava para uma luta política mais geral e, nessa, a relação política com as organizações mais diretas dos trabalhadores era uma necessidade. No entanto, não deveria haver uma relação de subordinação ou de atrelamento, seja com o sindicato, seja com a central [...] essas organizações deveriam ser soberanas, ou seja,

---

46. BOITO JR., Armando. Op. cit., p. 82.

elas são uma representação dos trabalhadores e, portanto, só se subordinam à assembleia dos trabalhadores. A segunda posição manifestou-se contra essa autonomia, justificando que as comissões se transformariam em sindicatos por empresa ou paralelos que enfraqueceriam o sindicato, e um dirigente de Minas Gerais chegou a afirmar "estamos criando cobra para morder a nós mesmos".[47]

Infelizmente, a história recente demonstrou que a segunda posição acabou prevalecendo no interior da CUT, em que pese que fosse extremamente contraditória com tudo aquilo que havia sido defendido por essa Central em seus documentos de origem.

4.3 A polêmica em torno do sindicato orgânico

Em meados dos anos 1990, a Central Única dos Trabalhadores vivenciou mais uma polêmica no que se refere à mudança de sua estrutura para que pudesse se adequar, ela própria e seus sindicatos filiados, à estrutura sindical oficial que começava nesse momento a ter perspectivas de alterações advindas de propostas do governo federal, que poderiam mexer, dentre outros aspectos, no imposto sindical e na unicidade.

No entanto, modificações na estrutura da CUT já haviam ocorrido em 1988, quando, em seu terceiro congresso, com a justificativa de seguir na luta por uma nova estrutura sindical, a maioria dirigente conseguiu aprovar novas regras no estatuto da Central.

No que tange à organização vertical, com o objetivo de aglutinar as atividades afins e a partir dos locais de trabalho, decidia-se naquele momento que os departamentos por ramos de atividades econômicas seriam constituídos por sindicatos filiados à CUT e oposições sindicais reconhecidas e teriam como atribuições enca-

---

47. SCHÜRMANN, Betina. *Sindicalismo e democracia*: os casos do Brasil e do Chile. Brasília: Ed. da UnB, 1998, p. 149, 190.

minhar e implementar a política e o plano de lutas da Central, definir um plano de lutas específico para o seu ramo de atividade e celebrar acordos específicos. A organização horizontal teria por objetivo "construir a unidade dos trabalhadores enquanto classe" e congregaria todas as entidades filiadas em nível regional, estadual e nacional.[48]

Na Plenária Nacional de 1992, a maioria da direção cutista aprovou a mudança dessa organização vertical, substituindo os Departamentos nacionais e estaduais pelas federações estaduais e regionais e confederações nacionais. A criação dessas últimas dava claros indícios de que o projeto de formação dos "sindicatos nacionais", alcunha dada em fins dos anos 1990 pela Articulação Sindical à sua proposta de sindicatos "orgânicos", já estava sendo posto em prática.

Pelas regras definidas em 1988, a participação das bases nos congressos sofria mudanças consideráveis. Restringia-se a participação das oposições sindicais: oposições que concorreram à última eleição do sindicato iriam eleger um número de delegados proporcional ao número de votos obtidos nesse escrutínio; as que não haviam concorrido à última eleição elegeriam delegados em número nunca superior à delegação do menor sindicato filiado à CUT; e as que haviam participado de eleições sindicais "julgadas não democráticas" elegeriam delegados segundo critérios estabelecidos pela CUT estadual. Os congressos passariam a ter periodicidade de três anos, com os delegados sendo eleitos nos encontros estaduais segundo a proporção de 1/2.000 trabalhadores sindicalizados.[49]

É importante atentarmos para a ressalva feita por Mattos de que a diminuição do peso da participação de representantes das oposições sindicais e o papel ampliado dos dirigentes sindicais nas tomadas de decisões nos encontros foram os pontos principais de discórdia entre os que fundaram a CUT e os que acabaram na CGT,

---

48. Resoluções do 3º Concut, p. 28-29, 1988.
49. Idem, ibidem.

entre 1981 e 1983.[50] A maioria dirigente na CUT passava a adotar ideias que criticava nos sindicalistas que fundaram a CGT, no momento da cisão do sindicalismo brasileiro no início dos anos 1980.

Por conta dos delegados aos congressos nacionais passarem a ser eleitos nos congressos estaduais, surgiu um mecanismo que foi batizado pelas correntes sindicais opositoras da maioria dirigente como "filtro" e isso fazia com que os encontros nacionais cutistas de participação massiva estivessem com os seus dias contados. As propostas dos militantes que não estavam na direção de sindicatos, para chegar aos encontros nacionais, teriam que ter como intermediário um representante sindicalista. A tabela abaixo deixa isso um pouco mais claro.

TABELA 4 Relação entre delegado de base e diretoria, presentes no 3º e 4º Concuts (em percentual)

	1988	1991
Diretoria	49,2	83,0
Base	50,8	17,0
Total	100,0	100,0

Fonte: Rodrigues, Iram Jácome. Op. cit., p. 185.

O número de diretores de sindicatos presentes ao congresso de 1991 é mais que 50% superior em comparação ao congresso de três anos antes. Isso demonstra que se tratava de um encontro de lideranças sindicais, com pequena participação de delegados de base, o que, sem dúvida, foi contribuindo para a burocratização cada vez maior da Central em sua cúpula dirigente, hegemonizada pela corrente majoritária.

Demonstrando o quanto foi polêmica essa discussão, nos encontros seguintes as principais correntes que se contrapunham à Articulação apontaram essas mudanças no estatuto da Central como

---

50. MATTOS, Marcelo Badaró. *Trabalhadores e sindicatos...* Op. cit., p. 93.

um momento de inflexão em sua trajetória rumo a um sindicalismo menos democrático e mais propício às soluções negociadas em detrimento do conflito, características opostas às que se percebiam no surgimento da CUT.

No congresso seguinte, a corrente Cut Pela Base escrevia em sua tese que "o novo estatuto descaracteriza[va] o projeto originário da CUT no sentido de compreendê-la não como uma central dirigente do conjunto dos trabalhadores brasileiros, mas como uma central dos sindicalizados às entidades filiadas". Assim, "a CUT passaria a representar organicamente uma parcela mínima dos trabalhadores brasileiros".[51]

Na Plenária Nacional de 1993, a Articulação Sindical voltou a defender a mudança da estrutura da CUT, sob várias justificativas: os problemas que o movimento sindical brasileiro estaria enfrentando naquele momento, como as transformações no processo produtivo; a queda na taxa de sindicalizados; a acomodação perante a estrutura sindical oficial; além do fato de a Central representar os trabalhadores através dos sindicatos filiados, mas não poder negociar, nem assinar acordos porque isso continuava como prerrogativa exclusiva dos sindicatos. Por essas e outras razões é que seria necessário reforçar a "concepção de construção da estrutura e sindicatos orgânicos da CUT".[52]

No encontro de 1996, a polêmica em torno ao sindicato orgânico preenche várias páginas das teses das várias correntes internas da Central. E nesse momento, a Articulação deixa a sua posição mais nítida:

> Liberdade e autonomia sindical são direitos dos trabalhadores [...] Para isso é preciso acabar com o imposto sindical, a unicidade sindical e também o poder normativo da Justiça do Trabalho. [...] Em uma nova realidade de liberdade e autonomia sindical [...] nossa proposta de estrutura sindical é representada pelo sindicato orgânico da

---

51. Teses para o 4º Concut, p. 110, 1991.
52. Textos para a 6ª Plenária Nacional da CUT, p. 25-26, 1993.

CUT [...] é o sindicato regido pelos princípios cutistas: autonomia, independência, democracia pela base, de massas, classista e de luta.[53]

A partir de então, a alternativa contra a estrutura sindical oficial seria o sindicato orgânico, que acabaria com o imposto sindical, a unicidade e o poder normativo da Justiça. São afirmações que nessa altura da análise aparentam uma ideia de fórmula mágica. Não nos custa também ressaltar a defesa feita pela corrente principal da CUT, treze anos após o surgimento dessa Central, do classismo, da independência etc. mesmo que — como já pudemos observar — tais aspectos ficassem cada vez mais no discurso e bem distante da prática.

Na sequência desse trecho, esse modelo é destrinchado e argumenta-se que ele tornaria os sindicatos com as seguintes características: representativo de um dos ramos de atividades definidos pela CUT; de massas, com uma forte estrutura local, de base; organizado como instância da Central; com autonomia política, onde as instâncias representativas das bases seriam seus órgãos de decisão; onde os trabalhadores sindicalizados controlariam o seu orçamento; e onde o patrimônio construído com recursos dos trabalhadores seria de propriedade da própria categoria.

Ainda para os dirigentes da Articulação Sindical, a luta pela liberdade e autonomia sindicais deveria estar vinculada não apenas a uma proposta de nova legislação, mas também à construção de uma nova estrutura sindical, do local de trabalho à direção nacional da Central. Isso ajudaria a criar fortes elementos de tensão na estrutura da CLT já que "hoje não basta mais a nossa tática de ganhar os sindicatos — CLT, filiá-los e democratizá-los, como era a tática adotada nos primórdios da CUT, para construir a central e um sindicalismo de luta, independente, democrático e classista".[54]

Essa proposta, apesar de aprovada, foi alvo de muitas críticas das correntes opositoras que, sob lógicas diferenciadas, argumenta-

---

53. Textos para a 8ª Plenária Nacional da CUT, p. 26, 1996.
54. Idem, p. 27.

vam que a corrente majoritária na direção cutista, com essa estratégia, amarraria todos os sindicatos de sua base às definições, políticas e estatutárias, da central, leia-se do grupo majoritário na direção.

A Corrente Sindical Classista[55] acreditava que a proposta de sindicato orgânico levaria inevitavelmente à divisão dos trabalhadores e seria uma ameaça à democracia sindical porque concentraria poderes exagerados na cúpula, o que acarretaria uma estrutura extremamente rígida e centralizada, prejudicando mais ainda a luta na base. E acrescentava que esse modelo era o oposto de um sindicato de massas, autônomo e independente, pois só representaria os trabalhadores filiados e excluiria a maioria da participação e representação já que, em 1997, de acordo com estudos da própria CSC, a média de trabalhadores sindicalizados era de apenas 16%.

Além do mais, o sindicato orgânico imporia um alinhamento político e ideológico que se contradizia com a natureza dos sindicatos como entidades representativas do conjunto dos trabalhadores: apartidárias, pluralistas e independentes.

A Alternativa Sindical Socialista (ASS) — corrente herdeira da CUT Pela Base, reunindo sindicalistas de setores mais críticos à direção do PT — também criticava o modelo apresentado pela Articulação e considerava que apesar dessa estratégia partir da justificativa de defesa da liberdade sindical, não respondia ao desafio da unidade dos trabalhadores, mas, ao contrário, estimulava a fragmentação e pulverização sindical diante dos interesses das burocracias. Segundo essa corrente "em vez de buscar expressar a pluralidade política que existe no movimento operário, tal proposta de 'sindicato orgânico' busca enquadrar burocraticamente as diferenças [...] através de uma imposição verticalista estranha à tradição cutista".[56]

Já para o Movimento por uma Tendência Socialista (MTS), a "proposta de sindicato orgânico atropela[va] um princípio funda-

---
55. Emendas ao Texto da direção nacional ao 6º Concut, p. 44, 1997.
56. Teses para o 9º Cecut, Rio de Janeiro, p. 20, 1997.

mental para nossas organizações, que é a democracia, o respeito à autodeterminação dos trabalhadores e a soberania das decisões de base". Tal modelo iria subordinar de forma absoluta as decisões dos sindicatos às instâncias superiores da central e "como os congressos da CUT só se realizam de três em três anos, a decisão sobre todos os temas estará concentrada na direção".

Assim, o MTS entendia que essa proposta era totalmente descabida até porque "a realidade vivida nas grandes montadoras de automóveis é muito diferente da vivida pelos operários da construção civil do nordeste", por exemplo. Acreditava ainda que os sindicatos deveriam estar enraizados na base, a partir das organizações nos locais de trabalho, deveriam ser unitários, filiados à Central e se organizar por ramos de atividade.[57]

Como disse anteriormente, apesar das críticas, a proposta de sindicato orgânico foi aprovada na 8ª Plenária Nacional da CUT, em 1996, mas se estabeleciam metas a serem alcançadas nos anos seguintes, para que toda a estrutura cutista — da base à cúpula — se adequasse a essa proposta. Os novos encontros seriam o lócus para a aferição do alcance dessas metas. No congresso de 1997, aprovaram-se novas afirmações que buscavam ratificar o acerto da política deliberada anteriormente, assim como impunha tarefas para todos os sindicatos filiados à Central.

> O modelo de "filiação de sindicatos" permite o descompromisso com os princípios e as campanhas promovidas pela CUT e com a sua prática e concepção sindical. Verifica-se que, após a "filiação", muitos sindicatos apenas carregam o logotipo da CUT em seus boletins e jornais. Adotam uma prática distanciada dos princípios da central, isolam-se nas suas campanhas específicas, não participando das lutas gerais que acontecem na sociedade, fundamentais para fazer as grandes mudanças. Esta prática não contribui para a construção de relações solidárias entre os trabalhadores, uma necessidade para que as campanhas sejam vitoriosas. Além disso, em muitos casos, praticam um

---

57. Idem, p. 44-47.

sindicalismo sem nenhuma relação com o projeto cutista. [...] Essa conjuntura exige enfrentamentos globais, através de uma central sindical classista, representativa do conjunto dos sindicatos. Continuar resistindo e fazendo o enfrentamento, através de sindicatos com pouco associados, organizando campanhas isoladas, só poderá afastar os trabalhadores da organização sindical. [...] Agora, para implantar o sindicato orgânico, é preciso que haja mudanças na forma de dirigir e organizar os sindicatos, na democratização dos métodos de consulta aos associados e na diminuição da distância que ainda há entre as decisões políticas da central e as condições dos sindicatos para implementá-las.[58]

A Central Única dos Trabalhadores, a partir da política de sua maioria dirigente — em grande medida, a partir da dinâmica imposta pela Articulação — procurava, dessa forma, enquadrar os sindicatos às posições aprovadas por sua maioria nos encontros da Central. A CUT, nitidamente, passava a ser um corpo monolítico com vida própria, que independia dos sindicatos que estivessem a ela filiados, exceto no que dizia respeito à representatividade quantitativa. Algo bastante distinto daquela instituição que procurava se fortalecer nas vitórias das oposições sindicais em eleições nos sindicatos que eram controlados pela Unidade Sindical e pelos pelegos tradicionais.

Em 2004/2005, com o governo do ex-sindicalista Luís Inácio Lula da Silva, um projeto que prevê uma Reforma Sindical começou a tramitar através de um Fórum Nacional do Trabalho e, em seguida, no Congresso Nacional. Tal projeto em muito se assemelha ao que era discutido internamente na CUT nos anos 1990, na linha do "sindicato orgânico" defendida pela maioria da direção da Central. Assim as experiências vivenciadas por essa Central Sindical ao longo dos anos 1980, e em especial nos anos 1990, sem dúvida que serviram como um excelente laboratório para o grupo que passa a governar o Brasil a partir de 2002.

---

58. Resoluções do 6º Concut, p. 95-97, 13 a 17 de agosto de 1997. Disponível em: <www.cut.org.br>.

CAPÍTULO 5

Sindicalismo no Brasil e institucionalidade:
outros aspectos

Até aqui analisamos os aspectos relativos à institucionalização do movimento sindical no Brasil que se referiam diretamente à estrutura sindical. Agora, a intenção é seguir analisando essa institucionalização a partir de outros elementos que também se vinculam ao nosso sindicalismo após 1988.

5.1 Movimento sindical brasileiro e a Constituição de 1988

Um marco importante quando analisamos a adesão institucional contínua do sindicalismo brasileiro é o ano de 1988, ano em que se conclui a atual Constituição, no qual o Partido dos Trabalhadores — que sempre manteve relações muito próximas com a CUT — conquista diversas Prefeituras em nível nacional, e é também o ano anterior à primeira possibilidade concreta, na história do Brasil, de eleger um ex-sindicalista, talvez o principal nome no meio sindical brasileiro até então, à Presidência da República. É um marco porque representa o limiar entre o *novo* sindicalismo combativo e o seu momento derradeiro, em que passa a apresentar uma dinâmica cada vez mais propositiva e conformada com os limites estabelecidos pela ordem do capital.

A convocação de uma Assembleia Nacional Constituinte era uma reivindicação defendida por quase todos os setores que se opunham aos militares, desde o final dos anos 1970. Mas para os sindicalistas que iriam formar a CUT, como também para o próprio Partido dos Trabalhadores, essa questão não era vista como prioritária já que deveria ser antecedida de um conjunto de medidas que democratizassem a participação política, defendidas pelos movimentos sindical e populares. Após a derrota da Emenda Dante de Oliveira — que propunha eleições diretas para presidente da República — em 1984, a defesa de uma nova Constituição para o país passou a integrar o programa político das duas organizações.[1] No início de 1985, a direção nacional da CUT divulgava as seguintes deliberações:

> A Direção Nacional da CUT, reunida nos dias 14, 15 e 16 de março, de acordo com os posicionamentos estabelecidos no 1º Congresso Nacional, de agosto de 1983, sobre a questão de uma Assembleia Nacional Constituinte [...] decide:
> 1) A CUT incorporar-se-á ao processo de mobilização por uma Assembleia Nacional Constituinte livre, democrática e soberana, participando dos comitês pró-Constituinte, incentivando a sua criação, impulsionando nos sindicatos e locais de trabalho a mais ampla discussão e organização dos trabalhadores, de suas pautas de reivindicações e anseios.
> Para a Direção Nacional da CUT trata-se, em primeiro lugar, de mobilizar o povo trabalhador para evitar que uma Assembleia Nacional Constituinte venha a ser mais um instrumento de legitimação do poder do capital e de manutenção, mais uma vez, da marginalização

---

1. ALMEIDA, Gelsom Rozentino de. *História de uma década quase perdida*: 1979-1989. Tese (Doutorado) — UFF, Niterói, 2000, p. 232.

política da ampla maioria do povo ou o coroamento de um plano de "conciliação nacional". Trata-se também de impedir que o atual Congresso Nacional, marcado pelos casuísmos e fraudes do regime militar, seja ungido com poderes constituintes.

2) Para a CUT a questão da democracia, da satisfação das reivindicações dos trabalhadores e suas ligações com uma Assembleia Nacional Constituinte passam necessariamente pela ampla mobilização e organização do povo trabalhador, com garantias de expressão dos anseios do povo e a mais ampla liberdade para que este possa se expressar.[2]

Ao menos para a maioria dos dirigentes dessa Central, naquele momento em que se iniciava um processo de transição no Brasil com o fim do regime militar, uma Constituição era necessária para estabelecer um novo cenário que deveria ser marcado pela liberdade de expressão e pela democracia. Mas, para tanto, um pleito em que se elegessem os deputados constituintes era reivindicado. Porém, acreditar que, mesmo com a mobilização dos trabalhadores, se pudesse evitar que um processo constituinte não viesse a ser "um instrumento de legitimação do poder do capital" soa um tanto ingênuo em se tratando de um Estado burguês.

Mais razoável era acreditar na possibilidade de conquista de alguns direitos para os trabalhadores e, mesmo isso, os sindicalistas da CUT sabiam que seria fruto de uma pressão organizada de todo o movimento popular, da classe, a partir dos locais de trabalho, dos bairros, das manifestações de rua, de greves etc. Havia uma consciência de que se enfrentava nesse processo uma recomposição das forças que durante anos sustentaram o regime militar e que apareciam, em meados da década de 1980, com um novo verniz e se dizendo opositores desse regime.[3]

A caracterização mais geral do Congresso Constituinte para os cutistas era de que a convocação deste objetivava a legitimação da

---

2. CUT. *Boletim Nacional*, São Bernardo do Campo, n. 1, maio 1985. Citado por: ALMEIDA, Gelson R. de. Op. cit., p. 232-33.

3. ALMEIDA, Gelsom R. de. Op. cit., p. 239.

nova ordem imposta pela burguesia brasileira após o esgotamento do regime militar, tornando o parlamento num fórum onde a classe dominante pudesse resolver suas divergências internas e revestir sua dominação sob o manto da legalidade, com processos eleitorais viciados e comandados pelo poder econômico.[4]

Percebe-se, assim, uma grande desconfiança desses sindicalistas com a nova "redemocratização", o que os levava a pôr em questionamento ainda a viabilidade da legalidade burguesa para a classe trabalhadora.

Dois anos antes, em 1986, as resoluções congressuais da CUT faziam análises mais céticas quanto à democracia burguesa. Naquele momento, acreditavam que o projeto burguês que se escondia por trás dessa Constituinte pressupunha a exclusão da participação popular, por isso a classe dominante transformava o Congresso Nacional, que seria eleito nesse ano, em um Congresso Constituinte, composto segundo as mesmas normas presentes no regime militar, com os senadores biônicos indicados em 1982, com distorção no número de deputados eleitos de acordo com o peso de cada estado e com um tempo de propaganda eleitoral gratuita que restringia a participação de partidos de base popular.

Diante dessa caracterização, a Executiva Nacional da CUT propunha ao segundo congresso que a tática dos trabalhadores deveria centrar-se, por um lado, em questionar os limites postos pela Nova República à democracia e, por outro, trazer a discussão sobre a Constituinte do terreno parlamentar para o terreno da luta de massas. Apesar de questionar a falta de democracia presente nesse processo e acreditar que melhores condições de vida para os trabalhadores não passariam apenas pela via institucional, a direção cutista acreditava que, com uma campanha massiva junto aos setores populares, poderia unir forças para construir um projeto alternativo dos trabalhadores, que se contrapusesse aos anseios burgueses com a Constituição. Esse projeto seria fundamental, pois sem

---

4. Resoluções do 3º Concut, p. 9, 1988.

ele os trabalhadores e o povo brasileiro ficariam debatendo somente as propostas da classe dominante e, com ele, seria mais fácil avançar "rumo a conquista do poder a fim de construirmos o tipo de sociedade que queremos". É interessante destacar que esse é um dos primeiros momentos em que a Central irá buscar, pelo menos em nível de discurso, o intercâmbio com outros setores da sociedade, o que será, com outra linha de intervenção, uma prática sua anos depois em função da concepção de sindicalismo cidadão que divulgará. Tal projeto deveria:

> buscar criar uma sociedade sem explorados e sem exploradores. Criar uma sociedade sem explorados e exploradores é um processo que do ponto de vista dos trabalhadores não passa somente pela Constituinte nem se esgota nela. Nesta perspectiva se, por um lado, devemos enfrentar a burguesia em seu terreno privilegiado que é o parlamento, por outro lado, temos de apontar a perspectiva de luta de massas, articulando o movimento operário e popular rumo às conquistas da Campanha Nacional de Lutas e rumo à construção do projeto alternativo dos trabalhadores.[5]

Impossível não percebermos que essa análise se pauta centralmente no referencial da luta de classes, o que me parece — por fazer parte tanto das resoluções quanto das teses de correntes internas da Central — ser fruto da necessidade de se diferenciar do "peleguismo" e daqueles tidos como reformistas e pouco combativos. Identificamos isso também nos 13 pontos[6] — elencados abaixo em síntese — que, segundo a direção da CUT, eram pressupostos desse projeto alternativo, e que corroboravam o que constituiria o "compromisso histórico da CUT", de acordo com as resoluções congressuais desse ano: "impulsionar a luta sindical dos trabalhadores, na perspectiva de construir uma sociedade socialista":

1. Atendimento a todas as reivindicações do movimento operário e popular;

---

5. Teses da Executiva Nacional para o 2º Concut, p. 7-8, 1986.
6. Idem, p. 10.

2. Reforma agrária sob controle dos trabalhadores. Expropriação dos latifúndios (sem indenização);

3. Ruptura com o FMI e com os banqueiros internacionais, e não pagamento da dívida externa;

4. Aprovação da Convenção n. 87 e fim da CLT;

5. Garantia da mais ampla liberdade de expressão e manifestação;

6. Garantia das mais amplas liberdades democráticas;

7. Fim do Conselho de Segurança Nacional;

8. Fim da tortura como prática policial;

9. Retirada a qualquer restrição à livre organização das massas;

10. Desmantelamento de todo o aparato policial militar;

11. Socialização dos meios de comunicação de massa;

12. Socialização das empresas capitalistas nacionais e multinacionais;

13. Estatização dos bancos e sistema financeiro.

Além do classismo já destacado, o eixo desse projeto é a reivindicação pela democratização da sociedade, o que indica a luta dos cutistas contra o Estado autoritário, apesar do regime militar ter chegado ao fim um ano antes.

Nessa resolução, mesmo diante das afirmações socialistas e classistas, é possível que estejam contidos os primeiros indícios de adequação da Central à institucionalidade burguesa, quando a maioria de sua direção considerava que seria muito pior para os trabalhadores brasileiros uma postura meramente de denúncia à Constituição porque intervindo com propostas e pressionando a partir do movimento sindical e popular, até mesmo com uma greve geral, algumas conquistas poderiam ser obtidas. Diante disso, a insígnia a ser trabalhada deveria ser "participação popular na Constituinte". Como mínimo isso soa contraditório com as afirmações classistas e socialistas.

A CUT devia então se empenhar para apoiar a eleição de uma expressiva bancada de representantes dos trabalhadores, "capazes de irradiar e multiplicar a força de pressão popular sobre o Congresso Constituinte". Assim, foram eleitos como constituintes sindicalistas ligados à Central e filiados ao PT, dentre outros, Carlos Santana (RJ), Paulo Paim (RS), Olívio Dutra (RS), Djama Bom (SP) e a maior liderança de todos esses, Luís Inácio da Silva, o Lula, eleito pelo PT de São Paulo. Lula, inclusive, declarava o quanto difícil seria vencer as forças conservadoras na Assembleia Constituinte, até mesmo porque estas estavam investindo bastante para que o resultado final lhes fosse favorável e os deputados vinculados diretamente aos trabalhadores eram ínfimos no montante geral. Por isso, além de sugerir a mobilização dos trabalhadores como mecanismo de pressão, defendia a aliança com outras forças políticas:

> Nós temos trabalhado, quase que constantemente, de uma forma muito afinada com o PCB, PCdoB, PDT e PSB. Juntos, somamos 51 ou 52 deputados. Temos trabalhado juntos em quase todas as votações, em quase todas as discussões [...] Nós entendemos que, na medida em que a gente entra na discussão de pontos concretos como a reforma agrária, jornada de 40 horas, direito de greve, liberdade e autonomia sindical, o papel dos militares e a questão da propriedade, eu acredito que a tendência natural é esse bloco de esquerda crescer. E esse bloco crescerá na medida em que algumas pessoas do PMDB, e por que não dizer vários deputados do PMDB, juntarem-se a nós, porque eles estão praticamente obrigados a defender essas propostas, que são compromissos eleitorais, e são pessoas normalmente comprometidas com movimentos de trabalhadores rurais e urbanos. Por isso, embora aritmeticamente eu já devesse ter perdido a esperança, olhando politicamente eu acho que a gente pode avançar.[7]

Não custa lembrar que Lula, além de ser líder sindical e petista, era talvez a maior liderança da corrente petista e cutista Articulação e já expressava, em 1987, todo o pragmatismo que anos mais tarde

---

7. CUT. *Boletim Nacional*, n. 11, mar. 1987. Entrevista com Lula. Citado por: ALMEIDA, Gelsom R. de. Op. cit., p. 245-46.

seria bem visível na Central Única dos Trabalhadores. Buscar alianças com outros grupos políticos, com pessoas que seriam "comprometidas com movimentos de trabalhadores", se justificava para aumentar os votantes da bancada de esquerda, em que pese que muitos dessa bancada não defendiam, em hipótese alguma, a "socialização das empresas capitalistas nacionais e multinacionais" ou a "estatização dos bancos e sistema financeiro", apenas para citar dois dos treze pontos que constituíam a pauta de reivindicação da CUT apresentada anteriormente.

A posição expressa pela CUT publicamente não era, obviamente, a posição única no interior da Central, conforme demonstra um artigo publicado em um informativo sindical sob o título "Constituição provoca desacordo na CUT". De acordo com setores da "oposição", a maioria da direção nacional dessa entidade havia cometido uma espécie de "'desvio parlamentar' ao concentrar sua atenção na elaboração de uma 'Constituição burguesa', abandonando as 'lutas concretas' dos trabalhadores".[8]

Os dirigentes cutistas conseguiram que várias "emendas populares" fossem entregues na Assembleia Nacional Constituinte, com assinaturas coletadas em vários cantos do país pelos sindicalistas. O capítulo referente aos direitos dos trabalhadores era, por motivos óbvios, o que mais interessava a essa Central no processo constituinte, pois nele constariam questões como salário mínimo — que para esses sindicalistas deveria acompanhar o levantamento mensal do custo de vida realizado pelo Dieese —, jornada de trabalho — era reivindicada a delimitação em 40 horas semanais —, Lei de greve, liberdade e autonomia sindical.[9]

O terceiro congresso da CUT agitou-se com uma polêmica: o movimento sindical deveria ou não dar apoio à nova Constituição. Novamente, os setores considerados "oposição" apresentavam a posição mais radical: pressionar os parlamentares do "bloco progressista" na Constituinte, em particular a bancada do Partido dos

---

8. *Cenários RH-Sindical*, n. 3, jul. 1988.
9. ALMEIDA, Gelsom R. de. Op. cit., p. 249.

Trabalhadores, para que estes não firmassem suas assinaturas na promulgação da nova Carta.

Luís Inácio da Silva era contra essa visão por achar que, pela correlação de forças no plenário, a Constituição, no campo das conquistas sociais, sairia avançada. Os membros da corrente Articulação, da qual esse deputado era membro, acreditavam que naquele momento colocar a questão de assinar ou não o texto constitucional "significa[va] uma miopia política de consequências indesejáveis: dilui[a] a mobilização do movimento popular e sindical na luta por assegurar no segundo turno as conquistas obtidas [...] e desautoriza[va] os parlamentares a defenderem com o mesmo empenho as mesmas conquistas no segundo turno".[10]

Porém, ao que parece, a maioria do congresso caminhou em outra direção ao definir que se devia "denunciar o caráter global profundamente antipopular da nova Constituição e não reconhecer no projeto global nenhuma legitimidade para cercear a democracia, as reivindicações e as lutas do povo [...]" e, assim, "considerando esse caráter, o 3º Concut apoia o voto contra o texto global".

Essa mudança a respeito do referendo ou não ao texto constitucional da corrente de Lula — que também era majoritária no interior da CUT —, a Articulação, se deve às obstruções que o bloco conservador de deputados, denominado "Centrão", conseguiu impor aos projetos considerados progressistas pelos sindicalistas na passagem do 1º para o 2º turno no processo constituinte.

A avaliação feita no Concut de 1988 observava que muitas reivindicações dos trabalhadores não foram alcançadas como, por exemplo, no que dizia respeito à estrutura sindical que, muito embora tivessem sido registradas algumas modificações, continuava a não assegurar a ampla liberdade de organização para a classe. Mas, no balanço cutista, seria impossível não reconhecer que houve conquistas, "resultado do inteligente e firme trabalho desenvolvido pelos parlamentares identificados com a causa da classe trabalha-

---

10. *Cenários RH-Sindical*, n. 3, jul. 1988.

dora, respaldados pelo amplo processo de mobilização que a CUT e demais entidades populares levaram a cabo".

A principal teria sido, ainda segundo essa resolução, o direito de greve, mas houve outras, como a redução da jornada de trabalho, o salário-férias de um terço, extensão para cinco anos do prazo para prescrição de ações trabalhistas, licença-paternidade, aumento da licença-maternidade, máximo de seis horas para turnos ininterruptos, verbas vinculadas para o seguro-desemprego, aposentadoria com salário integral e direitos trabalhistas iguais para os trabalhadores rurais e urbanos.[11]

Algo a ser destacado também para os sindicalistas ligados à CUT como balanço do processo constituinte foi a dificuldade encontrada para unificarem em determinados momentos toda a classe trabalhadora brasileira, o que terminou por impedir a conquista de outros direitos. Para a direção da CUT paulista à época, os sindicalistas da CGT contribuíram na edificação dessa dificuldade: "as posições defendidas por pelegos importantes no interior da CGT de que não se deve defender as 40 horas e a estabilidade na Constituinte, que estes pontos deveriam ser negociados diretamente, demonstram claramente o quanto o imobilismo político frente à Constituinte interessa às forças burguesas e conservadoras".[12]

Entretanto, é bom ressaltar que a posição dos sindicalistas da CGT para que os contratos fossem negociados diretamente por patrões e empregados em cada empresa e, assim, sem a intermediação de uma legislação coletiva imposta pelo Estado, será retomada nos anos 1990 pelos patrões, pela Força Sindical e até mesmo pela maioria dos dirigentes da Central Única dos Trabalhadores.

A crítica àqueles que teriam contribuído pouco para avançar os direitos dos trabalhadores na Constituição de 1988 demonstra que, para a maioria dirigente na CUT, as possibilidades de conquistas para essa classe pela via institucional aumentaram bastante

---

11. Resoluções do 3º Concut, p. 11, 1988.
12. Tese da Executiva Estadual ao 3º Cecut, São Paulo, p. 4, sem data.

desde 1986, ou seja, desde o fim do regime militar. Estava surgindo nesse momento o que estamos chamando aqui de institucionalização do movimento sindical brasileiro a partir do aparecimento, na concepção sindical dessa maioria, de um Estado mais democrático. Isso fica óbvio em declarações dos anos 1990:

> Diferentemente da luta contra a ditadura, que contrapunha de um lado, o autoritarismo subserviente aos interesses estrangeiros dos militares e seus aliados civis, e do outro, os setores democráticos da sociedade brasileira — hoje, a luta contra o neoliberalismo não possui contornos tão nítidos assim.
>
> Antes, a palavra de ordem era apenas a resistência, e a luta sindical era antes de tudo uma luta democrática. Agora, é preciso prosseguir na resistência, mas apresentando claramente as nossas propostas de classe, e contrapondo-as às propostas das elites brasileiras.[13]

Essas palavras justificavam aquilo que ganhou, de acordo com a corrente majoritária cutista, a Articulação, a alcunha de "resistência propositiva".

O suposto surgimento de uma nova sociedade brasileira a partir da Constituição de 1988 não faz parte apenas da análise desses sindicalistas, mas, antes, de vários analistas no campo acadêmico. Um desses é Carvalho,[14] para o qual essa é "a Constituição mais liberal e democrática que o país já teve, merecendo por isso o nome de Constituição Cidadã", embora, mesmo com todo o avanço no campo dos direitos políticos, não tenha resolvido os problemas econômicos mais sérios do país.

Além das novidades referentes ao direito do trabalho, já destacadas, esse autor enfatiza os avanços nos direitos sociais trazidos por essa Carta. Fixou em um salário mínimo o limite inferior para as aposentadorias e pensões, ordenou o pagamento de pensão a todos os deficientes físicos e aos maiores de 65 anos, independen-

---

13. Texto da direção nacional ao 6° Concut, p. 16, ago. 1997.
14. CARVALHO, José Murilo de. Op. cit., p. 199-210.

temente de terem contribuído para a previdência, elevou a aposentadoria dos trabalhadores rurais para o piso de um salário mínimo. Direitos civis foram recuperados, como a liberdade de expressão, imprensa e organização, e outros foram criados, como o direito de habeas data, em virtude do qual qualquer pessoa pode exigir do governo acesso às informações existentes sobre ela nos registros públicos. Na década de 1990 novos aspectos surgiram nesse campo, como a regulamentação da Lei de Defesa do Consumidor — prevista na Constituição de 1988 — e os Juizados Especiais de Pequenas Causas Cíveis e Criminais, que teriam a pretensão de simplificar, agilizar e baratear a prestação de justiça em causas cíveis de pequena complexidade e em infrações penais menores.

Com tudo isso, buscar proteção legal e conquistas através da justiça, assim como falar em cidadania, virou senso comum na sociedade brasileira e, logo, também no seio do movimento sindical.

Ainda mais enfática foi a avaliação sobre os anos 1980 que a maioria dirigente na CUT e alguns autores passaram a fazer, a partir da década seguinte, na qual afirmam que o chamado *novo* sindicalismo caracterizava-se, essencialmente, por ser um movimento que lutava pela conquista da cidadania. Dentre esses autores, podemos citar, inicialmente, Noronha que, quando analisa o ímpeto grevista na década de 1980 destaca que "o traço comum destes anos é a recuperação da função básica dos sindicatos de defesa dos salários e a própria definição da estratégia grevista como forma de reconquista da cidadania política".[15] A diminuição do número de greves nos anos 1990, de acordo com essa visão, se explicaria pelo fato dos trabalhadores brasileiros terem alcançado seu objetivo e conseguido abrir canais de diálogos com governo e empresários.

Jácome Rodrigues segue a mesma linha:

a hipótese básica desta pesquisa é que o surgimento do movimento operário e sindical no cenário político do país [no pós-1978] [...] deu-se

---

15. NORONHA, Eduardo. A explosão das greves na década de 80. In: BOITO JR., Armando (Org.). Op. cit., p. 52.

basicamente como expressão de uma luta mais ampla por direitos de cidadania no interior da sociedade. Quer dizer, ainda que a questão imediatamente visível desse movimento tenha sido a luta pela reposição salarial no segundo semestre de 1977, em decorrência da manipulação dos índices da inflação de 1973, a finalidade da luta sindical era o direito à cidadania. Essas demandas perpassavam o cotidiano fabril, o bairro, a questão da moradia, melhores condições de vida e trabalho, melhores salários, bem como representavam a afirmação de uma classe trabalhadora que já não aceitava uma cidadania limitada.[16]

Que a finalidade da luta empreendida pela CUT — apenas para citar a principal Central brasileira — nos anos 1990 possa ser caracterizada como a luta pela ampliação da cidadania no país, é uma análise aceitável, devido aos próprios aspectos já destacados até aqui neste trabalho. No entanto, afirmar que o movimento sindical brasileiro que irrompeu o final dos anos 1970 apresentando características marcantes, como o ímpeto grevista, a criação das centrais sindicais, novos métodos de luta etc., movia-se "por direitos de cidadania no interior da sociedade" é insustentável. Aquilo que se convencionou chamar de *novo* sindicalismo tinha sim, como principal característica, a referência na luta de classes, como comprovam os documentos cutistas citados nas páginas anteriores.

Por isso, concordo plenamente com as afirmações de Welmowicki, que buscam contradizer exatamente o que advogam Noronha e Jácome Rodrigues.

> Na década de 1980, se há um partido que pode ou poderia se identificar com a cidadania e promotor do pacto social, este era o MDB. Para frisar porque nos parece equivocada a interpretação do período como de 'luta pela cidadania', pensemos nas bandeiras que o PMDB levantou: democracia, Constituinte, direitos políticos e sociais [...] Porém, a dinâmica do movimento era de classe, de unidade dos trabalhadores e explorados contra a ordem capitalista. Não só o PMDB

---

16. Rodrigues, Iram Jácome. Op. cit., p. 19.

foi incapaz de canalizar, ou de representar os anseios da classe trabalhadora e das organizações sindicais, como acabou se desgastando ante a imensa maioria dos trabalhadores. Mas isso tinha a ver com a natureza do processo de reorganização e de lutas, que era muito mais radical do que as bandeiras do PMDB eram capazes de assumir.[17]

A institucionalização da Central Única dos Trabalhadores vai passar a fazer parte do rol de polêmicas nos encontros dessa entidade a partir da década de 1990, em que pese que a Constituição de 1988, especificamente, não seja mais o centro do debate.

Ao criticar a defesa, feita pela corrente interna cutista Articulação, da tese de que a CUT precisaria ampliar a sua participação, articulando-se com outros setores da sociedade, além do sindical, a resolução do Congresso Estadual dessa Central no Rio de Janeiro, em 1990, afirmava que: "achamos que o que está por trás dessa suposta ampliação do caráter da CUT é uma orientação que prioriza o campo institucional, abrindo mão de uma política de independência de classe, capaz de criar na luta cotidiana dos trabalhadores a consciência da necessidade de superação do capitalismo".[18]

Na verdade, essa visão da Articulação estava em consonância com a avaliação de que a sociedade brasileira estava mais complexa e organizada, a partir da resistência ao regime militar e, por isso, o movimento sindical deveria, ao lado de outros setores, elaborar propostas para todos os problemas que afligiam o país. No entanto, essa proposta aparentemente lógica representava a origem do que ficou conhecido na década de 1990 como "sindicalismo cidadão".

Em texto assinado por Miguel Rosseto, a corrente CUT Pela Base apresentava, em 1993, outros elementos para explicar o pro-

---

17. WELMOWICKI, José. *Cidadania ou classe?* O movimento operário da década de 80. São Paulo: Ed. Instituto José Luis e Rosa Sundermann, 2004, p. 95.

18. Resoluções do 6º Cecut, Rio de Janeiro, p. 23-24, 1990. Importante destacar que desde a segunda metade dos anos 1980, a seção da CUT no estado do Rio de Janeiro foi comandada, em sua maioria, pelos setores opositores à Articulação e, portanto, suas resoluções geralmente apresentavam um conteúdo bastante crítico à corrente que sempre dominou a Central em âmbito nacional.

cesso de institucionalização cutista. Afirmava que a entidade havia sido fundada baseando-se em uma concepção de que a ação política não estava dissociada da ação sindical, como demonstrava o fato da luta contra o arrocho salarial nunca estar divorciada da luta contra a ditadura militar.

No entanto, essa concepção vinha mudando o que acarretou "um processo de acomodação aos marcos das possibilidades da institucionalidade" que seria um tipo de despolitização da ação sindical. Isso teria sido acelerado

> após 1989 com a realização da primeira eleição presidencial desde o golpe militar de 1964 [porque] a maioria dos companheiros da direção nacional da Central passou então a apresentar propostas, onde a questão de quem governa o país estava dada por "regras democráticas" e isso colocava para a Central um recolhimento a tarefas no âmbito da relação capital-trabalho ou a intervenção apenas naquelas questões que tivessem a ver com os trabalhadores no plano da institucionalidade (fundos públicos, legislação trabalhista, por exemplo).[19]

Entendo que a acomodação diante das "regras democráticas" da democracia burguesa já era indicada pela maioria da direção cutista desde o processo constitucional de 1988 e mais ainda após a vitória inédita do PT em dezenas de prefeituras, ainda em 1988. A eleição presidencial de 1989 é importante para explicar a institucionalização da Central, além do aspecto destacado por Rosseto, pelo fato de que nesse momento a cúpula dirigente da CUT percebe a possibilidade concreta de atingir o topo governista do país através de um pleito eleitoral, o que apontava para a certeza de que as conquistas poderiam ocorrer — ou, como mínimo, avançar bastante — pela via da legalidade, secundarizando-se, assim, a luta sindical.

Entretanto, é importante frisar que aspectos centrais do corpo da estrutura sindical permaneciam inalterados e a liberdade de

---

19. Textos para a 6ª Plenária Nacional da CUT, p. 44-45, 1993.

organização para a classe trabalhadora, da maneira como era reivindicada no nascedouro do *novo* sindicalismo, também não estava assegurada.

5.2 Movimento sindical e pactos sociais após 1985 no Brasil

O processo de transição para a — suposta — democratização pelo qual passou o Brasil desde fins do regime militar, segundo O'Donnel, foi extremamente controlado pelos militares, e se houve entendimentos entre setores de nossa sociedade, eles ficaram restritos às frações da classe dominante, como o provável pacto — do qual não se tem acesso a fontes que comprovem — que Tancredo Neves teria celebrado com as Forças Armadas, garantindo-lhes que não haveria "revisões do passado", bem como teriam um extenso papel no futuro governo.[20]

Dessa forma, só após 1985 é que os trabalhadores serão convidados — em vários momentos, por sinal — para sentarem à mesa com o governo federal, fosse este comandado por Sarney, Collor, Itamar Franco ou, até mesmo, Fernando Henrique. Se as CGTs[21] e a Força Sindical desde suas origens sempre se apresentaram suscetíveis a tais entendimentos, a CUT irá transmutando a sua postura a partir da sua crescente percepção do Estado brasileiro como mais democrático, ou seja, a partir do que estamos considerando aqui como um processo crescente de institucionalização.

A não aceitação de um pacto no momento final da ditadura militar era justificada pelos cutistas da seguinte maneira: a crise

---

20. O'DONNEL, Guillermo. Transições, continuidades e alguns paradoxos. In: REIS, Fabio Wanderley (Org.). *A democracia no Brasil*: dilemas e perspectivas. São Paulo: Vértice, 1988, p. 54-55.

21. Em 1988 a CGT se dividiu em duas: a Confederação Geral dos Trabalhadores, que tinha como uma de suas principais lideranças Antonio Magri (futuro Ministro do Trabalho no governo Collor) e a Central Geral dos Trabalhadores, liderada por Joaquinzão. Foi nesse momento que o PC do B adentrou os muros da CUT. Logo em seguida o PCB tomou a mesma atitude.

econômica, o descontentamento do povo brasileiro pelo não cumprimento das promessas feitas pela Aliança Democrática,[22] a elevação do nível de consciência, a organização e a mobilização das massas nas lutas como as "diretas já!" e a atuação da CUT "possibilitaram que os trabalhadores, em 1985, imprimissem a primeira derrota à tentativa de pacto social da Aliança Democrática". Isso se deu "apesar da ação dos pelegos e reformistas que além de aceitarem a proposta de pacto social do governo realizaram ações constantes de sabotagens".[23]

Os adjetivos "pelegos" e "reformistas" têm como alvo os sindicalistas que estavam alocados na Conclat desde 1983, fundando, posteriormente, as CGTs. O interessante é que tais termos se tornarão comuns também no interior da CUT, desde fins dos anos 1980, para caracterizar, especialmente — de acordo com os setores oposicionistas — a postura da corrente Articulação.

Em 1988 — momento que para a literatura especializada corresponde ao marco para a inflexão na mudança de postura da CUT em direção a um sindicalismo menos combativo —, vemos que a visão contrária aos pactos com os governos e patrões permanecia dominante na Central:

> Com o aprofundamento da crise econômica e social no país, provocada pela incapacidade do projeto da burguesia em dar respostas aos anseios da população, mais uma vez vem à tona a proposta de pacto social, onde a burguesia e o governo Sarney contam com a ajuda de Medeiros-Magri, agentes do capital no seio do movimento operário. A CUT entende que não pode haver pactos entre desiguais e que nesse tipo de pacto os trabalhadores só têm a perder. Por isso a CUT se manifesta firmemente contra qualquer tentativa de acordo ou pacto que tenha por objetivo retirar conquistas ou restringir a liberdade que a classe trabalhadora deve ter para avançar nas suas conquistas.[24]

---

22. Aliança entre os partidos mais conservadores, dentre eles o PMDB e a Frente Liberal, no final do regime militar no Brasil.

23. Teses da Executiva Nacional ao 2º Concut, p. 6, 1986.

24. Resoluções do 3º Concut, p. 15, 1988.

Três aspectos aguçam a nossa atenção nessa resolução. Em primeiro lugar, os cutistas consideravam que se a crise econômica havia sido gestada pela burguesia, os trabalhadores não deveriam se ocupar em solucioná-la, ou seja, não deveriam ser propositivos. Segundo, a intransigência em não sentar à mesa para pactuar com o governo de plantão — apesar de não ficar claro se são contra apenas "pacto que tenha por objetivo retirar conquistas..." —, pois os trabalhadores só teriam a perder. E, por fim, percebemos que é uma análise que ainda se baseia especificamente no referencial da luta de classes, ao entender que "não pode haver pacto entre desiguais", ou seja, classes distintas. E chegam até mesmo a acusar os membros da CGT de defensores do "sindicalismo de resultados" e de "agentes do capital".

Dois anos depois, essa resolução foi posta à prova. Em agosto de 1990 o ministro da Justiça do governo Collor, Bernardo Cabral, convidou a CUT para participar de uma reunião em Brasília, chamada de "entendimento nacional", com empresários e o próprio governo, que discutiria a situação econômica do país. O presidente da Central, Jair Meneguelli, respondeu favoravelmente ao convite, mas resolveu fazer uma consulta à Executiva cutista. De todos os membros desse grupo, "apenas Cyro Garcia [que integrava a corrente Convergência Socialista] é contra a ida", o que dá poderes a Meneguelli de ir à Brasília e entregar, na reunião, uma carta a Collor de Mello contendo uma pauta de reivindicação de 13 pontos em que era proposto, dentre outras coisas, reajuste mensal de salários de acordo com a inflação, salário mínimo do DIEESE, estabilidade no emprego, não privatização das estatais, não pagamento da dívida externa e reforma agrária sob controle dos trabalhadores.[25]

A Executiva da Central convocou uma reunião com as CUTs estaduais e os Departamentos Nacionais, com o objetivo de aprofundar esse debate, e, para subsidiá-lo nos estados, enviou um encarte em seu informativo contendo os principais argumentos dos componentes da direção sobre essa discussão. No texto dos membros da

---

25. *Informacut*, n. 116, 6-13 set. 1990.

Articulação, assinado por Adelmo Escher, Delúbio Soares, Jair Meneguelli, José Olívio, Rose Pavan, Avelino Ganzer, Gilmar Carneiro, Jorge Lorenzetti e Osvaldo Bargas, afirma-se que a CUT compareceu à primeira reunião "sem qualquer compromisso quanto à assinatura de pactos sociais ou de chegar a um entendimento comum", até porque "reafirmamos a resolução do III Concut". A questão, dessa forma, não poderia ser "'sim' ou 'não', mas 'como'. O 'sim' puro e simples equivaleria a referendar o 'entendimento', como faz[ia] o sindicalismo de resultados e a pelegada. O 'não' redondo equivaleria a entrar no jogo dos patrões e do governo, que tentam descredenciar a CUT como representante da classe trabalhadora". Defendiam, por tudo isso, que a Central deveria comparecer à próxima reunião com o governo levando a pauta de reivindicações, exigindo respostas e combinando a negociação com a mobilização das bases, o que seria uma atitude intermediária entre o "sim" e o "não".

Ao tentar se esquivar da prática do sindicalismo de resultados, assim como do "jogo dos patrões e do governo" que queriam rotular a Central de intransigente, a maioria da direção cutista demonstrava uma preocupação com a sua imagem perante a sociedade, a partir da postura, até então inédita em nosso país, de um representante direto do Estado que convidava para o entendimento e tinha, naquele momento, muito mais credibilidade que o Estado militar.

Contrários à participação da Central no "entendimento", Martiniano Neto, Cyro Garcia, Antônio Andrade e Sebastião Lopes — de correntes distintas — apresentavam textos próprios, que em geral salientavam a necessidade da manutenção da postura que a CUT havia tido desde o seu nascimento. De acordo com Cyro, a CUT deveria manter "a sua posição tradicional de recusa ao pacto", com o que Martiniano não somente concordava como também acrescentava que os trabalhadores deveriam rejeitar "a participação nessa farsa" e mesmo que fosse aprovada deveriam não acatar a decisão porque "ela romp[ia] com as deliberações aprovadas no III Congresso Nacional da CUT".[26]

---

26. Idem.

No entanto, a reunião convocada pela Executiva, que contou com a participação de 17 Cuts estaduais, 15 entidades nacionais filiadas e 8 departamentos nacionais de categorias decidiu — por 8 votos a 6, pois de acordo com o estatuto apenas os membros da Executiva tinham direito ao voto — pela participação nas discussões em torno ao entendimento proposto pelo governo, para negociar os treze pontos da pauta de reivindicação da Central.[27]

Demonstrando o quanto esse processo significou um ponto de inflexão na história da CUT, que encurtava os limites de suas fronteiras na relação com o Estado burguês, ele será o centro das polêmicas levantadas pelas teses das correntes internas apresentadas ao 4º Concut.

Segundo a Articulação, a Central atendeu ao chamado do governo para dificultar a estratégia deste, que era "isolar a CUT, desenvolvendo um novo sindicalismo oficial, através dos adesistas do movimento sindical".

Quando essa corrente usa o termo "novo sindicalismo oficial", se refere à Força Sindical, que desde a sua criação, no início dos anos 1990, apresentou-se como uma Central que se mostrava suscetível a participar de pactos entre os setores da sociedade, sem com isso causar polêmicas internas. No seu nascedouro a direção da Força

> acredita[va] que um projeto nacional de desenvolvimento só será possível através do entendimento, de um pacto social, da união de segmentos significativos da sociedade — governo, empresários, trabalhadores, Igreja, entidades sindicais, partidos políticos, intelectuais, e acrescentava que a esse modelo, porém, só chegaremos com a discussão de temas antes considerados tabus, como privatização, abertura ao capital estrangeiro, redução do protecionismo às empresas nacionais, competitividade, produtividade, leis de mercado e a democracia como valor universal.[28]

---

27. *Informacut*, n. 118, 20-27 set. 1990.
28. *Jornal da Força*, informativo da Força Sindical, jun. 1992.

Isso demonstrava o quanto o surgimento dessa Central também influiu na mudança da relação CUT–Estado brasileiro. A Força Sindical apresentava um projeto que levava a direção cutista a não balizar mais as suas ações e análises diante dos polos sindicalismo combativo-sindicalismo pelego — como no período das divergências restritas à CUT e CGTs —, mas partir também para o campo da apresentação de propostas factíveis de serem postas em vigor no âmbito de um Estado liberal, já que esta era uma prática que a Central opositora começava a desenvolver e que ganhava notoriedade na sociedade. Cabe acrescentar que dos temas elencados pela Força para a discussão, as questões da competitividade, da produtividade, das leis de mercado e da democracia como valor universal irão passar a permear os discursos e propostas do campo majoritário da CUT a partir de então.

Voltando à questão do "entendimento" com o governo Collor, para a maioria da direção cutista a participação nesse fórum foi "tática" já que através de seu comparecimento, a Central entrou na disputa com governo e empresários, impôs a pauta dos 13 pontos e conseguiu "transformar aquilo que pretendia ser um espaço para referendar a política do governo num fórum de negociações". E criticava os "setores minoritários", entre as correntes internas da CUT, que "desrespeitando a democracia interna [...] em vez de organizar a mobilização dos trabalhadores" transformavam cada assembleia em reavaliação da deliberação de comparecer às negociações, "confundindo propositalmente e de má-fé o processo de negociação com 'pacto social', fazendo coro com os patrões e o governo".[29]

Essa polêmica semântica — não existia *pacto* e sim *negociação* —, era ironizada pela Corrente Sindical Classista. "Argumentava-se que aquilo não era pacto, era negociação. Santa inocência. Era público e notório o convite ao pacto social, apelidado entendimento nacional, porque o termo estava 'queimado'". E ainda criticava os que afirmavam que o movimento sindical deveria aprender a dizer

---

29. Teses para o 4º Concut, p. 90.

sim: "é evidente que a CUT não pode se limitar às lutas reivindicatórias. Ela deve ter, e tem, uma resposta para os problemas do país. Mas não tem cabimento fazer da Central um gabinete de planejamento e administração da crise do capitalismo. Nem semear a ilusão de que o país está no buraco por falta de sugestões".[30]

Havia aí uma crítica não somente ao processo do "entendimento" com o governo Collor, mas também ao projeto de sindicalismo propositivo da Articulação, que começava a se emoldurar com maior precisão e seria a base daquilo que se tornará conhecido no movimento sindical como sindicalismo cidadão, o qual teria como pressuposto propostas para os grandes problemas do país, além do aspecto econômico-salarial. E, claro, essa visão de sindicalismo se fortalece com a institucionalização gradativa da CUT e com o seu afastamento de um projeto socialista.

É o que percebemos na entrevista, em 1994, a um jornal da grande mídia, de Gilmar Carneiro, na época dirigente nacional da corrente Articulação, na qual ele propõe um novo caminho para o sindicalismo, "o do 'aprendizado democrático', no qual o trabalhador pode ser visto como um ser com preocupações e necessidades que vão além de salário e condições de trabalho. 'Precisamos de um pacto social entre governo, empresários e trabalhadores que defina uma proposta de cidadania para o Brasil'".[31]

Em se tratando do relacionamento com o Estado brasileiro, as diferenças entre as duas maiores Centrais Sindicais brasileiras na década de 1990 vão ficando cada vez menos perceptíveis, como chama a atenção Comin, ao destacar as dificuldades que a Central de Medeiros poderia enfrentar: "a principal moeda de troca do sindicalismo de resultados — a disposição para negociar — tende a se desvalorizar, ao sofrer, neste mesmo terreno, a concorrência direta de um ator sindical muito mais representativo e organizado, como é o caso da CUT".[32]

---

30. Idem, p. 9-10; grifos na própria tese.
31. *Jornal do Brasil*, 25 dez. 1994.
32. COMIN, Álvaro. *Jornal do Brasil*, 28 jan. 1996.

5.3 CUT, governo FHC e reforma da Previdência

Outro exemplo que demonstra a relação cada vez mais próxima entre a Central Única dos Trabalhadores — a partir da dinâmica imposta pela sua corrente majoritária — e o Estado brasileiro, assim como o grau de burocratização atingido por essa Central, são as negociações mantidas entre esta e o governo federal, em 1996, em que o representante cutista, sem a prévia autorização de qualquer fórum representativo dessa entidade sindical, foi negociar direitos previdenciários dos trabalhadores brasileiros, constituídos desde a Era Vargas.

Fernando Henrique Cardoso tomou posse em janeiro de 1995 e em seu discurso de posse já declarava sua intenção de "acabar com a Era Vargas", mandando um claro recado para toda a população do país de que não mediria esforços para reduzir a participação do Estado brasileiro na economia, o que implicaria mudanças no sistema previdenciário.

Seu governo inicialmente possuía uma representatividade na sociedade muito maior do que os anteriores de Collor de Melo e Itamar Franco e, mesmo apoiado numa aliança política com o conservador Partido da Frente Liberal, FHC, com seu currículo de intelectual de esquerda, arrebanhou a seu favor setores consideráveis que lhe deram a sustentação necessária para que pudesse governar com estabilidade, de forma a implementar seu projeto representativo dos interesses das burguesias nacional e internacional. O sucesso na mídia e nos índices macroeconômicos do Plano Real terminou por asfaltar essa estabilidade e permitiu ao governo impor suas metas econômicas e agir de maneira inflexível com o movimento sindical, como no caso da greve petroleira de 1995.

As mudanças que haviam se iniciado com Collor, especialmente no tocante ao setor industrial, foram completadas, com muito empenho, por FHC em todas as áreas. O desmonte do setor estatal no Brasil foi logo apresentado pelo Executivo ao Congresso Nacional, através de propostas de reformas que visavam modificar, por exemplo, aspectos relativos à previdência social e aos tributos, que apontavam mudanças na CLT e nos direitos conquistados pelos trabalhadores na Constituição de 1988.

A proposta de reforma que mais mexeu com a sociedade brasileira, especialmente nos meses próximos ao final de 1995 e no início do ano seguinte, foi a previdenciária, em que o governo apresentava outras regras para a aposentadoria no país.

Até então as regras eram as seguintes:[33]

— aposentadoria após 30 anos de serviço para as mulheres e depois de 35 anos para os homens;

— a aposentadoria proporcional poderia ser alcançada a partir dos 25 anos de serviço para as mulheres e depois dos 30 anos para os homens;

— a aposentadoria por idade para os trabalhadores urbanos era de 65 anos para os homens e 60 anos para as mulheres;

— os trabalhadores rurais podiam se aposentar também por idade: aos 60 anos, no caso dos homens, e aos 55 anos, no caso das mulheres;

— todos os professores tinham a aposentadoria especial após 30 anos de trabalho, no caso dos homens, e depois de 25 anos, no caso das mulheres;

— os trabalhadores da indústria privada se aposentavam pelo INSS. Já os servidores públicos civis e militares tinham regras próprias;

— as aposentadorias dos servidores públicos civis e militares eram integrais.

O governo federal apresentava algumas mudanças nessas regras, nas quais, dentre outras coisas, era proposto: que a aposentadoria deixaria de ser concedida por tempo de serviço e passaria a se dar por tempo de contribuição (homens com 35 anos de contri-

---

33. Cf. *Jornal do Brasil*, 12 jan. 1996.

buição, e mulheres com 30 anos); acabaria a aposentadoria especial para professores; e a aposentadoria proporcional seria extinta.

As Centrais Sindicais, CUT, Força Sindical e CGT, estavam, nesse momento, unidas em torno a uma única proposta, que foi apresentada ao governo na primeira quinzena de janeiro de 1996. Nessa proposta estavam presentes pontos, tais como:[34]

— criação do regime público único da Previdência Social, que inclua todos os trabalhadores, da iniciativa privada, do serviço público e militares;

— manutenção da aposentadoria por tempo de serviço, após 35 anos de trabalho para os homens e depois de 30 anos para as mulheres;

— manutenção das aposentadorias especiais para professores — após 25 anos de serviço, para as mulheres, e depois de 30 anos, para os homens;

— manutenção das aposentadorias especiais dos trabalhadores rurais;

— manutenção das aposentadorias especiais para os trabalhadores que exercem atividades penosas, perigosas e insalubres;

— manutenção da aposentadoria proporcional a partir dos 25 anos de serviço, para as mulheres, e depois dos 30 anos, para os homens;

— fim das aposentadorias especiais dos governadores e parlamentares;

— administração quadripartite da Previdência Social (trabalhadores, empregadores, governo e aposentados).

Pelas propostas apresentadas ao governo, percebemos que as Centrais Sindicais davam a indicação de que não abririam mão dos direitos conquistados pelos trabalhadores no Brasil há décadas.

---

34. *Jornal do Brasil*, 12 jan. 1996.

Pelo contrário, até chegavam a propor avanços, como o fim da aposentadoria especial dos parlamentares e governadores e inovarem com a proposta de administração quadripartite para gerir a Previdência Social.

Aceitaram participar de uma reunião com o governo federal, ainda em janeiro de 1996, com o objetivo de negociar os pontos relativos às propostas de cada parte. No entanto, este primeiro chamado do governo não deu muito resultado, porque a reunião terminou em um impasse, já que as três partes não demonstraram estarem dispostas a ceder. Do lado dos trabalhadores, a Força Sindical e a CGT acenaram com a possibilidade de aceitação daquilo que propunha o governo, em especial no tocante ao fim da aposentadoria por tempo de serviço em troca da aposentadoria por tempo de contribuição. É importante ressaltar que essa foi a principal polêmica de todas as negociações relativas a essa reforma.

Reinhold Stephanes, ministro da Previdência nesse período, defendia a proposta governamental argumentando que "nenhum país do mundo adota mais a aposentadoria por tempo de serviço". Luis Antônio Medeiros — representante da Força Sindical — parecia estar contemplado com essa justificativa do governo, pois afirmava que ele e a sua Central Sindical "concordavam com a aposentadoria por tempo de contribuição sem o estabelecimento de idade mínima. Para os trabalhadores da iniciativa privada é praticamente a mesma coisa que a aposentadoria por tempo de serviço". Medeiros deixava claro que sua preocupação era com a sua base, onde praticamente inexistia o funcionalismo público, o que não era o caso da CUT, que, nesse início de negociação, ainda permanecia fechada com a sua proposta original e Vicentinho — representante da CUT — chegava a afirmar: "existem 31 milhões de brasileiros que hoje estão na economia informal e, portanto, não têm carteira assinada. Se for contar tempo de contribuição ninguém vai se aposentar".[35]

---

35. *Jornal do Brasil*, 12 jan. 1996. É bom que se destaque que Vicentinho pertence no interior da CUT e do PT, à corrente Articulação.

No entanto, poucos dias depois, Vicentinho mudou de opinião e, ao lado das outras Centrais Sindicais, fechou um acordo informal com o governo, onde constava a proposta de substituição do tempo de serviço pelo de contribuição no cálculo da aposentadoria. O conteúdo desse acordo era o seguinte:[36]

— a aposentadoria passava a se dar por tempo de contribuição. Os homens poderiam se aposentar após 35 anos de contribuição e as mulheres depois de 30 anos;

— aposentadoria proporcional aos 60 anos para os homens e aos 55 anos de idade para as mulheres, com um tempo mínimo de contribuição de 20 anos, nos dois casos;

— mantinham-se a aposentadoria por idade aos 65 anos para os homens e aos 60 anos para as mulheres;

— mantinha-se as regras da aposentadoria para os trabalhadores rurais. Aos 60 anos de idade, para os homens, e aos 55 anos, para as mulheres;

— os professores de 1º e 2º graus continuavam com aposentadoria especial. Cinco anos após a promulgação da emenda essas aposentadorias seriam revistas. Já os professores universitários perderiam o direito à aposentadoria especial;

— os trabalhadores da iniciativa privada continuavam se aposentando pelo INSS. Servidores públicos civis e militares teriam regras próprias. As novas regras para a aposentadoria valeriam para os servidores da União, estados e municípios;

— as aposentadorias e pensões dos servidores públicos permaneceriam integrais. Eles perderiam, no entanto, o reajuste que ganhavam por ocasião da aposentadoria. Mas para se aposentar com o salário integral, os funcionários públicos teriam que preencher 3 requisitos: idade mínima de 55 anos e contribuição de 35 anos, no caso dos homens, e 50 anos de idade e 30 anos de contribuição, no caso das mulheres,

---

36. *Jornal do Brasil*, 19 jan. 1996.

e ambos com dez anos de efetivo exercício no cargo. As regras de aposentadoria dos militares seriam definidas em lei complementar.

Pela análise desse acordo estabelecido informalmente, podemos concluir que os dois lados cederam, mas ambos saíram arranhados. No lado do governo, o presidente Fernando Henrique parecia mais conformado, pois embora não tivesse sido mantida a íntegra da sua proposta inicial, o acordo contava com o beneplácito dos representantes dos trabalhadores — inclusive, o da maior Central Sindical do país — o que elevava a imagem do Executivo perante a sociedade. Além disso, técnicos do Ministério da Previdência afirmavam que com esse acordo apenas 10% do funcionalismo público da União, estados e municípios, conseguiriam se aposentar com seus salários integrais. O que, com certeza, representava um ganho para o governo.

Do lado dos trabalhadores a polêmica foi travada, essencialmente, no campo cutista e Vicentinho pagou um preço muito caro por ter trocado, na negociação, a aposentadoria por tempo de serviço pelas concessões feitas pelo governo. Mas, o sindicalista não se fazia de rogado e declarava nos meios de comunicação que "um acordo sobre a Previdência Social, do qual todos participam, corre o risco de ser o melhor acordo da história do país".[37] Porém, não era bem esse o pensamento das outras correntes sindicais que atuavam no interior da CUT.

Na Executiva Nacional dessa Central, a Articulação Sindical venceu por 12 votos contra 10 a votação que deliberou a participação da organização nas negociações com o governo sobre a reforma da previdência. Votaram contra, a Corrente Sindical Classista, a Alternativa Sindical Socialista e o Movimento por uma Tendência Socialista.

Os dirigentes nacionais da CUT contrários à posição de Vicentinho lançaram uma nota pública na qual lembravam que a Executiva Nacional da Central não aprovou os pontos discutidos pelo repre-

---

37. *Jornal do Brasil*, 19 jan. 1996.

sentante cutista em Brasília e que não havia autorizado nenhum acordo com o governo a respeito dessa reforma e ainda alertavam que a organização iria manter a mobilização contra a reforma.

O próprio Partido dos Trabalhadores — também dirigido majoritariamente pela Articulação — criticou igualmente a atitude de Vicentinho e tornou público que condenava esse acordo das Centrais Sindicais com o governo. José Dirceu, na época presidente do partido, declarou que não podia "aceitar o que está nesse protocolo de intenções com o governo. Mas o PT respeita[va] a autonomia e a independência da CUT".[38]

Toda essa pressão sofrida pelo representante cutista preocupou os outros participantes do acordo, as demais Centrais e o governo, pois Vicentinho poderia sucumbir, recuar, o que deixaria a CUT de fora, retirando praticamente toda a credibilidade do acordo. Por isso, o governo chegou até a acatar o pedido do dirigente da CUT para que se adiasse a votação da reforma no Congresso Nacional até que essa Central pudesse discutir internamente melhor o que foi acordado.

Apesar de declarar que acataria a decisão dos fóruns internos da Central, Vicentinho afirmava que se não pudesse manter sua palavra renunciaria a seu cargo de presidente da CUT:

> Como cidadão brasileiro, como nordestino e como alguém que tem uma história de luta e, por isso me constituí num dirigente sindical, em nenhum momento permitirei que a minha palavra seja quebrada. Eu prefiro, então, nesse caso, sair da Central do que ter que quebrar a minha palavra. E por isso reafirmo todas as posições que foram colocadas do começo ao fim.[39]

A questão deixava de ser política e passava a ser moral para o então presidente da maior Central Sindical do país. O compromisso verbal com um governo — que a própria CUT unanimemente afirmava representar os interesses do capital —, realizado sem antes

---

38. *Jornal do Brasil*, 19 jan. 1996.
39. *Jornal do Brasil*, 26 jan. 1996.

debater com os seus representados até se chegar a uma posição majoritária, se tornava muito mais importante do que o compromisso com a classe social a qual pertence. Isso porque esse compromisso de classe e de independência perante os governos, já era, nesse momento, algo ultrapassado para a maioria dirigente dessa instituição.

Após dois meses da realização do acordo informal entre a cúpula sindical brasileira e o governo federal, a direção nacional da CUT pronunciou-se afirmando que os termos do acordo não haviam sido respeitados no relatório da matéria no legislativo. No entanto, era tarde demais para conseguir apagar esse triste episódio da história cutista.

Um ano depois, no 6º Congresso da organização, as correntes realizavam o balanço desse acordo. A Articulação Sindical reivindicava a postura de Vicentinho, a via como uma atitude de toda a Central, fruto de ampla discussão e que havia gerado consequências positivas para a Central Única:

> Além de questionar o conteúdo e a oportunidade das reformas [do governo], a CUT decidiu apresentar Reformas Populares, como alternativa às reformas neoliberais de FHC. Esta posição permitiu polarizar o debate com o governo durante a votação da reforma da Previdência, quando apresentamos uma proposta que foi fruto de um amplo processo de discussão [...] O governo, diante da resistência da sociedade, em relação ao seu projeto, abriu negociação com as centrais sindicais. No entanto, a maioria dos pontos que foram objetos de negociação não foram contemplados no relatório final, obrigando a CUT a se retirar das negociações e solicitar aos deputados que rejeitassem o relatório. Apesar da falta de unidade interna e da polêmica com parlamentares de oposição, sobre a oportunidade de participar das negociações e quanto ao mérito de alguns pontos, o resultado não foi desfavorável. [...] Nesta questão ficou evidenciada a concepção e prática sindical da CUT: fazer propostas, debater com a sociedade, negociar com os interlocutores e mobilizar os trabalhadores na defesa de seus interesses.[40]

---

40. Texto da Direção Nacional ao 6º Concut, p. 11-12, 1997.

Entre a abertura de negociação por parte do governo e a retirada da CUT dessas negociações, houve o acordo informal com Vicentinho, que suscitou tanta polêmica interna à Central e na sociedade, e a tese simplesmente omite esse fato. A instituição teria saído do episódio bem vista pela sociedade porque se mostrou propositiva e disposta a negociar. Ou seja, não há uma frase de uma possível autocrítica.

As correntes opositoras — mesmo aquelas que já se aproximavam bastante da Articulação e lhes dava sustentação para seguir como grupo majoritário, como é o caso da Corrente Sindical Classista — não tinham a mesma visão da maioria quanto a esse processo. A CSC, em 1997 entendia que:

> A corrente majoritária da CUT apresentou a defesa de "reformas populares" despropositadas, que contribuíram para a desmobilização e despolitização do movimento sindical no campo político. No momento em que o governo FHC impõe projetos antipopulares e consegue uma maioria adesista no Congresso, parte da direção da CUT apresenta suas propostas como se estivéssemos num clima de conversações, negociações e discussões sérias com o governo neoliberal. Exemplo gritante foram as negociações da reforma da previdência, que causaram sérios prejuízos ao movimento popular e sindical e evidenciaram as divergências internas da central.[41]

A CSC critica o propositivismo da maioria dirigente cutista, por acreditar que enquanto o governo FHC impunha autoritariamente o seu projeto neoliberal, a Articulação Sindical procurava negociar.

A Alternativa Sindical Socialista, nesse mesmo ano, é ainda mais crítica:

> No episódio das negociações da reforma da previdência, foram cometidos, pelos negociadores da CUT, erros de ordem estratégica, tática, de método e de mérito. [...] Todo e qualquer trabalhador com experi-

---

41. Emenda ao Texto da Direção Nacional ao 6º Concut, p. 41, 1997.

ência sindical sabe que, em todas as negociações, antes de se fechar [...] qualquer acordo, a mobilização deve ser realizada com as forças que até o momento se conseguiu acumular [...] Fechar qualquer acordo sobre a previdência sem sequer botar o "time em campo" demonstrou precipitação [...] A mudança conceitual de "tempo de serviço" para "tempo de contribuição" significa a introdução de um conceito neoliberal de seguridade social, na medida em que rompe com a ideia atual de solidariedade na qual "trabalhou, se aposenta" para "contribuiu, pode se aposentar" se provar e se der tempo. O conceito de "contribuição" facilita a posterior privatização do sistema previdenciário. Esse caminho foi trilhado no Chile, México e Argentina.[42]

A tese da ASS tem o mérito de expor toda a tendenciosidade da singela frase de Vicentinho à época do acordo informal com o governo: "tempo de contribuição é o mesmo que tempo de serviço". O sistema previdenciário, que surgiu nos primórdios do capitalismo como solidariedade entre os trabalhadores para garantir que o idoso, o doente incapacitado a trabalhar pudessem ter uma vida minimamente digna, é totalmente descaracterizado na atualidade pelos teóricos e tecnocratas ligados ao setor empresarial que procuram a toda maneira convencer a sociedade de que os sistemas previdenciários são deficitários e quebram o Estado. Uma análise que até pode não ser aceita, mas compreendida se realizada por setores ligados ao capital, mas nunca por grupos vinculados à classe trabalhadora.

Outro aspecto a se ressaltar da análise feita pela ASS quanto a essa questão é que negociação no movimento sindical se faz quando já se demonstrou capacidade de pressionar. Se o oponente não se sentir pressionado, só fará concessões muito mais reduzidas do que se estivesse sob pressão. Mattos, por exemplo, lembra que, meses antes de Vicentinho sentar à mesa para negociar com o governo federal um acordo informal no qual desprezava direitos dos trabalhadores conquistados historicamente, os trabalhadores franceses foram convidados pelo governo a negociar a reforma previ-

---

42. Tese da Alternativa Sindical Socialista ao 9º Cecut, Rio de Janeiro, p. 14, 1997.

denciária após três meses de greve, o que resultou no freio — ao menos por um período — da tramitação no Congresso francês da proposta governista.[43]

Até o final de seu segundo mandato consecutivo como presidente do país, FHC conseguiu aprovar várias alterações na política previdenciária brasileira, muito próximas daquilo que havia sido negociado no "Acordo da Previdência", como o fim da aposentadoria especial para professores universitários; a idade mínima para a aposentadoria no serviço público, que passou a ser de 55 anos, para mulheres, e de 60 anos, para homens; e ainda conseguiu que fosse retirada da Constituição a regra de aposentadoria com base nos últimos 36 meses de salário, o que abriu caminho para uma nova regra, que leva em conta a idade de aposentadoria, o tempo de contribuição e o salário médio do trabalhador.[44]

Em seus dois primeiros anos a frente do governo federal, Lula foi mais rápido que Fernando Henrique e conseguiu complementar a reforma previdenciária, em meio a uma grande polêmica no meio sindical, onde se viu a Articulação Sindical e outras correntes cutistas corroborando as alterações propostas pelo Executivo. Em novembro de 2003, a reforma foi aprovada em 1º turno no Senado e estabelecia, dentre outras coisas, o fim da paridade entre servidores ativos e aposentados, a taxação dos inativos e a criação de fundos complementares de previdência,[45] deixando uma avenida aberta para os fundos de pensão privados.

5.4 Sindicalismo brasileiro e relações internacionais

Podemos considerar como um outro fator que demonstra a total adequação à institucionalização do sindicalismo em nosso país,

---

43. MATTOS, Marcelo Badaró. Políticas nacional e poder sindical: uma perspectiva comparada. In: MENDONÇA, Sonia; MOTTA, Márcia (Orgs.). *Nação e poder*: as dimensões da história. Niterói: Ed. da UFF, 1998, p. 58-65.

44. *O Globo*. 5 de maio de 2003.

45. *Opinião Socialista*, jornal do PSTU, n. 164, 3 dez. 2003 a 28 jan. 2004.

em especial daquele que representava o chamado *novo* sindicalismo, a filiação da CUT à Confederação Internacional das Organizações Sindicais Livres (CIOSL) que historicamente foi dominada pelo sindicalismo de negócios norte-americano, viveu um longo período de subordinação à lógica da guerra fria e, mais recentemente, passou a ser expressão da social-democracia europeia.

De acordo com as resoluções do Concut de 1994, a CIOSL era uma Central Sindical internacional que contava com 174 entidades filiadas, estava presente em mais de 124 países e representava mais de 116 milhões de trabalhadores. Nesse documento, que sem dúvida expressava o pensamento da maioria da direção da Central, lemos que "a CUT participa da CIOSL defendendo uma política de ação de frente única contra os males que os ajustes implementados pelo FMI e o Banco Mundial causam em todos os países", defendendo a busca da unidade internacional contra as privatizações, o desemprego, a dívida externa, a desregulamentação das relações de trabalho e pela defesa dos serviços de previdência e de melhores condições de vida para a classe trabalhadora.[46]

Filiar-se a um organismo internacional não era, para as correntes que se opunham à Articulação, o principal problema, mas sim a linha que a CIOSL apresentava em nível mundial — muito próxima por sinal a que a CUT apresentava em nosso país a partir dos anos 1990 — a saber: a prioridade nas soluções negociadas com governo e capital e o sindicalismo propositivo. Percebemos melhor isso no congresso de 1991, em que essa polêmica se acirrou.

A Convergência Socialista criticava todas as Centrais internacionais existentes naquele momento e apontava como saída a criação de uma nova:

> Repudiamos todas as propostas de filiação da CUT a Ciosl, CMT, FSM ou a qualquer central sindical atrelada ao imperialismo e ao stalinismo. Propomos que a CUT inicie gestões para organizar um movimento tendo em vista a formação de uma nova central sindical mundial

---

46. Resoluções do 5º Concut, p. 32 e 37, 1994.

classista, democrática e independente do imperialismo e dos governos burgueses ou burocráticos de todo o mundo.[47]

A Corrente Sindical Classista, em sua tese para o mesmo encontro, apresenta um elemento a mais, o aspecto financeiro. Afirmava que havia um esforço das Centrais Sindicais mundiais naquele momento, especialmente a CIOSL, para envolver a CUT, "através de incontáveis 'projetos de cooperação', inclusive financeira". Mas, para a CSC, a CUT devia manter a resolução de todos os congressos anteriores, "de independência diante das centrais internacionais" porque "as centrais existentes representam projetos contrários à concepção cutista de um sindicalismo combativo".[48]

Esse congresso de 1991 foi talvez o mais acirrado na história da Central Única dos Trabalhadores, quando praticamente todas as correntes de oposição — contando nesse momento com o auxílio da CSC que havia rompido pouco tempo antes com a CGT — se uniram para derrotar a Articulação e impedi-la de obter maioria na direção cutista. Não tiveram êxito já que a Articulação venceu as principais disputas, inclusive a da nova direção, por uma pequena margem de diferença (em alguns momentos, só após recontagens de votos). Entretanto, esse acirramento pode explicar o fato desse encontro não ter deliberado pela filiação a CIOSL — indicando essa decisão para a plenária nacional do ano seguinte quando, finalmente, tal filiação foi aprovada —, como também pode explicar a ausência dessa proposta na tese da corrente majoritária, apresentada antes do encontro, onde o máximo que podemos ler a respeito dessa polêmica é que a Central deveria

> intensificar o debate sobre o movimento sindical internacional, com o objetivo de definir a relação política e orgânica da CUT junto aos fóruns e organismos do movimento sindical internacional, considerando sempre a experiência acumulada pela CUT nesses oito anos

---

47. Teses para o 4º Concut, p. 45, 1991.
48. Idem, p. 11.

de existência e a dimensão dos novos desafios colocados para os trabalhadores de todo o mundo.[49]

Ao que tudo indica, para além do aspecto de uma política internacional de colaboração de classes, denunciada pela antiga Convergência Socialista, e do elemento financeiro destacado pela CSC, os próximos congressos cutistas irão pouco se preocupar com a elaboração da intervenção da Central na CIOSL e farão afirmações genéricas, como: seguir atuando nessa Central internacional para "fortalecer a capacidade organizativa da CIOSL", "contribuir na discussão nos fóruns da CIOSL sobre temas como desigualdade norte/sul, dívida externa, inovações tecnológicas" etc.;[50] ou "compete à CIOSL e as Centrais filiadas coordenar e orientar as lutas dos trabalhadores diante dos principais problemas colocados pela globalização", reconhecendo as desigualdades da economia mundial e a necessidade de colocar a distribuição de renda em nível mundial novamente na agenda política, "não só dos governos nacionais, mas também das instituições internacionais como o Banco Mundial, o Fundo Monetário Internacional, a Organização Mundial do Comércio e demais órgãos das Nações Unidas".[51]

São declarações genéricas, até porque a defesa para que organizações internacionais do capital, como o Bird, o FMI, a OMC e a própria ONU coloquem em sua agenda a distribuição de renda só possui coerência prática para aqueles que não leem a sociedade contemporânea com a lupa da luta de classes e que tenham partido para a crença no puro imediatismo assistencialista, como a "campanha contra a fome e pela cidadania" — da qual a CUT participou desde o início — iniciativa bastante comum na década de 1990 em âmbito mundial.

A filiação da CUT a CIOSL e a aproximação de dirigentes da Central brasileira com as Centrais Sindicais europeias de orientação

---

49. Idem, p. 96.
50. Resoluções do 5º Concut, p. 37, 1994.
51. Resoluções do 6º Concut, p. 29, 1997.

social-democrática influenciará bastante na proposta de sindicato orgânico que a maioria da direção da CUT irá começar a apresentar a partir de então.⁵² Essa filiação é apenas a ponta do *iceberg* de um projeto de relações internacionais da Central dentro dos muros do capital e totalmente subserviente a este. É o que demonstram as resoluções cutistas quanto as relações com a Organização Internacional do Trabalho (OIT) e com o Mercosul. Nas resoluções do congresso de 1994 observamos os seguintes trechos: "o 5º Concut recomenda ainda uma participação efetiva da Central junto à OIT, exercendo pressões junto ao governo brasileiro para que apoie as iniciativas sindicais" e sobre o Mercosul:

> passados três anos desde a assinatura do Tratado de Assunção, [que dá origem ao Mercosul] vemos que cada vez mais é necessário reafirmar nossos princípios e continuar lutando pela democratização do processo, para que ele possa ser efetivamente um instrumento de promoção social, que potencialize o relacionamento dos países da América Latina com o mundo, visando o desenvolvimento social e econômico de nossos países.⁵³

O Mercosul é visto pela maioria da direção dessa Central como um mecanismo que pode ser democratizado, para passar, assim, a permitir o desenvolvimento social e econômico dos países que o compõem — não sabemos se nisso está implícito a crença de que ao desenvolvimento do PIB corresponda automaticamente melhora de vida para os trabalhadores —, o que significa que esses sindicalistas não entendem esse bloco econômico como uma tentativa das classes dominantes dos países componentes de se defenderem da concorrência desigual imposta pela tríade que domina a economia mundial: Estados Unidos, Alemanha e Japão. Dessa maneira, acreditam que as burguesias dos países latino-americanos — sócias menores das que dominam os países centrais —, ao se unirem, fortalecerão os seus países em desenvolvimento e enfraquecerão a

---

52. MATTOS, Marcelo Badaró. *Trabalhadores e sindicatos...* Op. cit., p. 92-93.
53. Resoluções do 5º Concut, p. 36 e 39, 1994.

sanha avassaladora do capital internacional. Tal análise não leva em consideração que as burguesias latino-americanas aceitam passivamente a sua condição subserviente e, até mesmo, sobrevivem disso; também é anacrônica porque crê na possibilidade de um novo desenvolvimentismo para esses países — discussão que foi melhor desenvolvida anteriormente.

5.5 A utilização das verbas do FAT — a adesão total à institucionalidade

Dentre os aspectos que possibilitam caracterizar a adesão total à institucionalidade do movimento sindical brasileiro, a partir de meados da década de 1990, analisarei nesse momento apenas os programas de requalificação profissional, posto que estes são promovidos pelas Centrais Sindicais com os recursos advindos do Fundo de Amparo do Trabalhador — que se torna uma mina de recursos financeiros para essas entidades — e as deixam cada vez mais presas às instituições vigentes, apesar das diferenças existentes entre a CUT e a Força Sindical.

Os recursos do FAT eram inicialmente destinados à concessão de seguro-desemprego e intermediação de mão de obra e passaram progressivamente a serem aplicados também em programas de requalificação profissional e geração de emprego e renda, em decorrência do Programa de Geração de Emprego e Renda (Proger), de 1994, e do Plano Nacional de Qualificação Profissional (Planfor), em 1995, conforme decisão do Conselho Deliberativo do FAT (Codefat) —, do qual as Centrais passaram a fazer parte — que permitiu também que outros agentes, como sindicatos e associações patronais, executassem esses serviços.[54]

A Força Sindical sempre foi defensora desse tipo de política, mas a CUT passou a aderir a partir de seus congressos da primeira

---

54. GALVÃO, Andréia. Op. cit., p. 142-43,

metade dos anos 1990, quando a maioria de sua cúpula dirigente começou a perceber a reestruturação produtiva como algo inexorável e o desemprego como um grande mal a ser minimizado por campanhas assumidas pela sociedade civil. Dessa forma, deixava claro não mais esperar pela ação estatal para resolvê-lo. A campanha contra a fome e a miséria, iniciada por Herbert de Souza (Betinho) é o melhor exemplo desse tipo de iniciativa.

Nas resoluções do congresso cutista de 1994, nas partes referentes à "campanha pelo emprego" e à "formação profissional" afirmava-se que:

> A ação contra o desemprego deve se orientar pelas seguintes diretrizes: [...] política de formação profissional adequada às novas exigências do mercado de trabalho e com participação da representação sindical [...]
> Essas diretrizes para a formação profissional devem ser vistas como parte do esforço de afirmação do direito universal ao trabalho e da afirmação do trabalho como fonte do conhecimento e origem da riqueza, bem como parâmetro de sua distribuição, num processo político, cultural social e econômico que faça cessar a exploração de quem vive de seu próprio trabalho.[55]

Percebemos que a maioria da direção cutista incorporou o discurso empresarial de que o desemprego ocorre por culpa do trabalhador, que não se qualifica para atender "às novas exigências do mercado de trabalho". No entanto, mesmo que esse discurso correspondesse à realidade, é pouco crível que o mercado capitalista dispusesse de vagas para todos que atendessem aos pré-requisitos de uma excelente formação profissional.

A resolução em nenhum momento procura um referencial diferente do liberal, a ponto de afirmar que a exploração daqueles que vivem do seu próprio trabalho acabará a partir do momento em que esteja garantido "o direito universal ao trabalho". Na verdade, a única frase que corresponde à realidade no trecho do documento

---

55. Resoluções do 5º Concut, p. 10 e 52, 1994.

em destaque é a que afirma que, nessa sociedade, o trabalho é a "origem da riqueza" e, mesmo assim, a frase está incompleta, pois faltou completá-la: é a origem da riqueza do capital.

Preocupada com a distribuição das verbas advindas de impostos e incentivos fiscais, destinadas à formação ou requalificação profissional — "para se ter uma ideia do volume desses recursos, em 1993 o Senai, conjuntamente com o Senac, Sesei [sic] e Sesc movimentaram um orçamento de aproximadamente um bilhão e cinquenta milhões de dólares" — a CUT propõe que sejam constituídos conselhos tripartites para a gestão das agências de formação profissional, assim como para gerir os recursos do FAT.[56]

Algumas recomendações eram feitas pela direção nacional para que os sindicatos filiados se orientassem melhor sobre como deveriam proceder para implementar cursos de reciclagem profissional no âmbito do convênio FAT–Serviço Nacional de Emprego (Sine), tais como: as CUTs estaduais deveriam tomar as iniciativas necessárias para constituir as comissões tripartites em seu estado; a montagem dos cursos pelos sindicatos deveria ter a preocupação de buscar apoio das escolas técnicas e das universidades públicas para elaborar os programas e aproveitar a estrutura física e pedagógica existente; os cursos deveriam "propiciar a apropriação crítica de conhecimentos científicos e tecnológicos e de saberes mais gerais sobre o homem e a sociedade, imprescindíveis na conformação da cidadania"; e seria também fundamental que os cursos obtivessem aprovação legal através de fornecimento de créditos e certificados escolares reconhecidos pelos Ministérios da Educação e do Trabalho, "de maneira a também serem valorizados pelas empresas nas negociações, convenções e contratos coletivos".[57]

Uma crítica bastante pertinente a essa política da CUT é feita por Zarpelon, que considera que, ao oferecer cursos de requalificação profissional, a CUT enfraquece a luta para que o ensino profissionalizante saia das mãos da iniciativa privada, por duas razões:

---

56. Textos para debate da 7ª Plenária Nacional da CUT, p. 30-31, 1995.
57. Idem, p. 32.

os recursos arrecadados pelo Sistema S (Senac, Senai, Sesc e Sesi) são muito maiores que o repassado do FAT para a CUT — só em 2000 o Sistema S arrecadou 6 bilhões, enquanto que para os cutistas o repasse da União foi de aproximadamente 39 milhões; e a Central acaba contribuindo para o desenvolvimento de políticas de caráter compensatório, que tiram a responsabilidade do Estado pela formação profissional, enfraquecendo, assim, a luta pelo ensino público de qualidade.[58]

Levando-se em conta que essa postura da CUT expressa o posicionamento da sua corrente majoritária, vejamos como duas outras correntes internas dessa Central Sindical avaliam esse quadro.

A Alternativa Sindical Socialista afirmava em sua tese para o congresso estadual cutista no Rio de Janeiro, em 1997, que reafirmava o apoio às resoluções do 5º Concut e às decisões da 7ª Plenária — em partes apresentadas anteriormente — no que dizia respeito à Formação Profissional. Sobre a gestão dos recursos do FAT considerava que:

> No plano nacional, é imperativa a constituição de um espaço público participativo [...] onde sejam decididos de forma paritária pelos representantes do governo, empresários e trabalhadores, os critérios, normas e procedimentos do repasse dos recursos públicos do FAT, destinados ao programa de qualificação e requalificação profissional. Dessa forma, poder-se-á superar a prática centralizadora, pouco democrática, da delegação dessas deliberações a uma única instância governamental, a Sefor [Secretaria Nacional de Formação Profissional, do Ministério do Trabalho].[59]

Vemos que o grande problema referente aos programas de requalificação profissional, para a ASS, era a centralização dos re-

---

58. ZARPELON, Sandra Regina. ONGs, movimento sindical e o novo sindicalismo utópico. *Revista Ideias*, Campinas, IFCH, Unicamp, ano 9, n. 1, p. 227-28, 2002. A autora se refere especialmente aos cutistas, os quais ela denomina de *"sindicalismo combativo"*, mas a Força Sindical também realizava no período em questão o mesmo tipo de política, sem passar, no entanto, por divergências internas.

59. Tese da Alternativa Sindical Socialista ao 9º Cecut, Rio de Janeiro, p. 24-26, 1997.

cursos do FAT nas mãos da Secretaria vinculada ao Ministério do Trabalho e como alternativa a corrente propõe a formação de um conselho tripartite. Ao que tudo indica, as propostas que, no início dos anos 1990, eram feitas no interior da CUT quase que exclusivamente pela Articulação Sindical, começavam a fazer parte do cardápio de encaminhamentos de outras correntes, como a ASS — que se originou da antiga CUT Pela Base, ferrenha opositora da política e prática desempenhada pela corrente majoritária em fins da década de 1980.

Em nenhum momento a tese da ASS para o referido encontro, no tocante ao trecho da Formação Profissional, faz uma análise mais crítica aos programas de requalificação. Pelo contrário, procura simplesmente melhorá-los e age de forma *propositiva*:

> Uma política pública de educação para o trabalho deve atender tanto as demandas do setor produtivo, isto é, do conjunto da economia, quanto as necessidades dos trabalhadores. Nesse sentido, é preciso superar a atual proposta de qualificação e requalificação profissional orientada pela Secretaria Nacional de Formação Profissional (Sefor)/ MTb e aplicada pelas Secretarias Estaduais do Trabalho, baseada na organização de cursos isolados, dispersos, de curta duração, que realizam a requalificação meramente adaptativa dos trabalhadores ao mercado de trabalho[60]

Como uma política de educação pode atender tanto aos interesses "do setor produtivo" e, logo, do capital, quanto aos do trabalho? Somente se estabelecermos uma lógica — como a que estabelecia a ASS — de analisar a sociedade sem distinguir as classes sociais presentes nela. De conteúdo, a visão dessa corrente se diferia muito pouco da visão da Articulação Sindical, pois igualmente a esta acreditava na possibilidade da parceria capital-trabalho e, assim, também acabava culpabilizando o trabalhador pela sua desqualificação profissional, despriorizando a educação pública, entendendo a educação como "direito inalienável" e como condição

---

60. Idem, p. 25.

necessária ao trabalhador — mesmo numa sociedade burguesa — "de suas possibilidades no exercício *pleno* da cidadania".[61]

Já o Movimento por uma Tendência Socialista possuía uma visão bem diferente do que deveria ser a política de formação profissional da Central e se aproxima bastante das críticas de Zarpelon apresentadas antes, pois percebia que a política era contraditória:

> Em primeiro lugar pelo fato de assimilar quase acriticamente a premissa neoliberal de que o desemprego, a geração de emprego etc. tem a ver com a baixa qualificação profissional do trabalhador brasileiro [...] Chegamos já a uma situação extrema de constituir Agências de Intermediação de Mão de Obra [...] Isso já seria um absurdo em si, mas fica mais grave ainda porque se traduz numa flagrante contradição com a posição tradicional da CUT, de defesa de um sistema público de emprego. Em segundo lugar, porque assume para si a tarefa que é do Estado: de garantir o direito à qualificação profissional do trabalhador brasileiro.[62]

Essa corrente entende que tais políticas de requalificação não resolvem o problema do desemprego, pois este, além de ser intrínseco ao sistema capitalista, foi acentuado com a recente reestruturação produtiva. Na verdade, critica-se, indiretamente, a ideia de que o processo de reestruturação é inexorável e, portanto, o máximo que poderia ser feito pelo movimento sindical seria buscar amenizar os seus efeitos. O MTS, em sua tese, insinua ainda que a adesão a esses programas se dê em função do aspecto financeiro:

> para uma atividade que seus defensores dizem que não é prioridade na CUT, o volume de recursos obtidos do governo federal é imenso. Neste ano [2000] serão em torno de R$ 35 milhões. Para se ter base de comparação é preciso informar que a receita anual da CUT originada das contribuições dos sindicatos é de cerca de R$ 7 ou R$ 8 milhões (já incluído o referente ao imposto sindical). Ora é óbvio o mecanismo gerador de dependência financeira embutido nesse processo. E não

---

61. Idem, ibidem; grifo meu.
62. Teses do MTS para o 7º Concut, p. 16, 2000.

há dependência financeira que não gere falta de independência política. [...] Por isso, propomos [...] repassar à rede pública de ensino a tarefa de desenvolver as atividades formativas e também de administrar esse dinheiro repassado pelo governo federal...[63]

A solução proposta pela corrente seria fortalecer a rede pública de ensino no país — carentes de verbas e estrutura — para que estas se preocupassem com a (re)qualificação dos trabalhadores.

Por conta desses programas, as verbas que entravam nos cofres cutistas anualmente, oriundas do governo federal e destinadas à requalificação, somariam, no ano 2000, algo em torno de cinco vezes mais que a arrecadação anual advinda dos seus sindicatos filiados. Para não ficarmos apenas com os números apresentados por uma corrente opositora da Articulação Sindical, verifiquemos as estatísticas do próprio departamento da CUT a respeito do repasse dos recursos da verba do FAT nos últimos anos da década de 1990:

TABELA 5 Recursos do FAT transferidos no período 1998-2000 às centrais sindicais e aos sindicatos de trabalhadores para qualificação profissional (em R$)

Central / Sindicato	1998	1999	Previsão para 2000
CUT	3.000.000,00	21.000.000,00	35.000.000,00
CGT/ICT	6.000.000,00	8.000.000,00	10.000.000,00
Força Sindical	12.000.000,00	17.000.000,00	25.000.000,00
Sindicato Metalúrgicos São Paulo	9.999.802,41	13.000.000,00	13.000.000,00
Social Democracia Sindical	1.500.000,00	6.400.000,00	12.000.000,00

Fonte: Emprego e Renda. São Paulo: Desep/CUT, n. 3, p. 8, maio 2000.

Diante de valores tão vultosos, as centrais sindicais e vários sindicatos não se fazem de rogados e abocanham esses milhões de reais, aparentemente com o intuito de requalificar trabalhadores que estariam à margem do mercado de trabalho. Propagandeiam,

---

63. Idem, p. 16-17.

para tanto, o argumento de que o dinheiro pertence aos próprios trabalhadores, cabendo à Central apropriar-se de uma fatia para reverter-lhes em benefícios. No caso da CUT, que praticava, nas suas origens o chamado sindicalismo combativo, que buscava manter-se distante da relação com o Estado, a questão se torna ainda mais alarmante quando comparamos — como já havia feito a corrente MTS acima — os valores obtidos com os recursos do FAT com a arrecadação anual da Central para o ano de 1999: R$ 53.860.000,00, ou seja, desse montante praticamente 40% era oriundo de verbas desse Fundo. De acordo com Mattos, em 1999, 70% das despesas da CUT foram vinculadas aos Programas de Qualificação Profissional, o que demonstra, em sua visão, "que mudou não apenas a linha política da formação cutista, como também se reduziu substancialmente seu grau de autonomia perante as agências do governo e as entidades empresariais".[64]

Em vez de se soltar dos grilhões do imposto sindical, o sindicalismo brasileiro se atou a outros ainda mais fortes, tudo sob a justificativa do imediato, da solidariedade, da cidadania, da construção da contra-hegemonia no seio da sociedade civil. Ao contrário do Estado militar que impedia as eleições sindicais livres, prendia e cassava sindicalistas, o Estado brasileiro, desde o início dos anos 1990, não apenas concedeu maior liberdade ao movimento sindical, como ainda forneceu-lhe recursos mais elevados que o próprio imposto sindical. Dessa maneira, para que romper com o *status quo*? Para que romper com a institucionalidade vigente? O conceito de pelego, para os criadores do chamado *novo* sindicalismo, servia para aqueles que não rompiam com as amarras do Estado autoritário, mas não servia para os que não rompiam com as amarras do Estado "democrático". Resta saber de qual democracia se estava falando.

---

64. MATTOS, Marcelo Badaró. "A CUT hoje e os dilemas da adesão à ordem". *Outubro*, n. 9, p. 62-63, 2003.

Considerações finais

Como uma das conclusões deste trabalho indico a falta de percepção da cúpula sindical em nosso país — mas poder-se-ia também generalizar essa análise aos países centrais do capitalismo — de que a luta sindical é limitada quando se objetiva uma transformação radical das relações produtivas existentes no sistema capitalista. É extremamente importante, porém restrita. Ademais, essa limitação se agudiza quando se privilegia demasiadamente a luta econômica em detrimento da luta política mais geral.

Acredito que é imperioso um retorno ao que ouso chamar aqui de *marxismo clássico*, para a compreensão da atualidade e para um melhor entendimento da crise sindical, por isso, mesmo que superficialmente, analiso as limitações do movimento sindical à luz desse referencial teórico.

O marxismo *clássico* e a prática sindical

Divido este pequeno trecho em duas partes, ambas com o intuito de destacar considerações de Marx, Engels, Lênin e Trotsky sobre a importância do movimento sindical e os limites do sindicalismo.

É importante apontar que Marx e Engels tiveram contato com um tipo de sindicalismo diferente do que Lênin e Trotsky conheceram. Os dois primeiros fizeram parte de um período histórico em que o movimento sindical ainda não tinha se tornado de massa, em que a forma predominante de sindicalismo era a de ofício, já que apenas durante as últimas décadas do século XIX, os sindicatos difundiram-se como expressão organizada e de massa do movimento operário. Entretanto, como destaca Alves, as afirmações de Marx a respeito do sindicalismo, em especial sobre os limites deste, devem ser generalizadas e não somente associadas a um caso particular, como o sindicalismo de ofício, por exemplo.[1] Segundo Alves, os fundamentos históricos da concepção de Karl Marx e dos marxistas em geral sobre sindicatos — e seus limites — foram postos na obra do jovem Engels, *A situação da classe trabalhadora na Inglaterra*, escrita entre 1844 e 1845.[2] Nesse trabalho, verifica-se que ao atestar que a concorrência não existe apenas entre os capitalistas, mas também entre os próprios trabalhadores, Engels afirmava que os sindicatos seriam os primeiros esforços dos trabalhadores para suprimir essa concorrência entre si e os via como um instrumento importante para conter a ânsia dos capitalistas:

> Se o industrial não contasse com uma oposição concentrada e maciça da parte dos seus operários, baixaria gradualmente, cada vez mais, os salários, para aumentar o seu lucro; a luta que tem de manter contra os seus concorrentes, os outros industriais, obriga-lo-ia a isso e em breve o salário atingiria o seu nível mínimo.[3]

Os sindicatos serviriam então como anteparo aos ataques dos industriais que não hesitariam, caso não encontrassem resistência,

---

1. ALVES, Giovanni. *Limites do sindicalismo*: crítica da economia política. Bauru: Projeto Editorial Práxis, 2003, p. 331 e 340. Toda a análise referente a Marx e Engels presente neste trecho baseiam-se, em grande medida, nesse trabalho de Alves, sendo, portanto, um recorte feito a partir da leitura deste último.

2. Idem, p. 23.

3. ENGELS, F. *A situação da classe trabalhadora na Inglaterra*. Citado por: ALVES, Giovanni. Op. cit., p. 48.

em vilipendiar cada vez mais a condição de vida dos trabalhadores para obter melhor situação na concorrência com outros capitalistas. A principal expressão da indignação dos proletários contra a situação imposta pelos patrões eram as greves que, apesar de não terem muito sucesso isoladamente, seriam como uma "escola de guerra" dos operários, onde estes se preparariam para o grande combate, ou seja, para a destruição da sociedade capitalista.

As primeiras considerações de Marx sobre os sindicatos encontram-se na *Miséria da filosofia*, em que ele procura demonstrar a falsidade do pensamento de Proudhon, que dizia serem inúteis os sindicatos e as greves por melhores salários, pois o seu êxito traria como consequência a inflação.

Para Marx, a luta principal a ser protagonizada pela classe operária na sociedade capitalista seria a revolução social, a partir da qual estaria colocada a possibilidade de se alcançar uma sociedade sem exploradores e explorados. Nesse sentido, a luta sindical teria "a capacidade de dar uma 'lição moral' aos operários, ensiná-los a agir coletivamente, de forma organizada, conscientes de seu poder enquanto classe que produz a riqueza social". Percebe-se que a visão da luta sindical como escola, presente em Engels, também se encontrava em Marx, que entendia que por meio dessa luta os trabalhadores poderiam avançar em sua consciência de classe e chegar a constituir um partido político próprio da classe operária.[4]

O papel que cabia aos sindicatos, de acordo com o pensador alemão, não era então de pouca importância. Eles serviriam para constituir os operários em classe, organizando-os, educando-os, para a tarefa maior, que seria a revolução social. No entanto, esse movimento político — associado à revolução e que Marx considerava de maior importância — não poderia ser desvinculado totalmente do movimento social, econômico, pois é a própria luta econômica, sindical, que transforma o proletariado em classe para si.

---

4. ALVES, Giovanni. Op. cit., p. 231 e 293.

As condições econômicas, inicialmente, transformaram a massa do país [se refere à Inglaterra] em trabalhadores [*travailleurs*]. A dominação do capital criou para essa massa uma situação comum, interesses comuns. Essa massa, pois, é já, ante o capital, uma classe [...] mas ainda não o é para si mesma [...]. Na luta que assinalamos algumas fases, essa massa se reúne, se constitui em classe para si mesma [...]. Os interesses que defende se tornam interesses de classe. Mas a luta entre classes é uma luta política.[5]

A luta sindical possibilita que a classe trabalhadora deixe de ser meramente classe em si e se transforme em classe para si na luta contra o capital e os sindicatos, por sua vez, teriam o mérito de agrupar essa massa, fazendo-a mais coesa e, logo, mais forte no embate da luta de classes.

Tanto Lênin quanto Trotsky seguiam a análise de Marx e Engels e enfatizavam o aspecto educativo dos sindicatos para a classe operária. Para o segundo, os sindicatos, assim como o partido revolucionário, eram importantes para que o proletariado compreendesse a sua missão histórica, ou seja, ser o sujeito social da revolução social — "se o proletariado, como classe, fosse capaz de compreender imediatamente sua tarefa histórica, não seriam necessários nem o partido nem os sindicatos. A revolução teria nascido, simultaneamente, com o proletariado".[6]

Lênin trazia à tona a definição de Engels a respeito das greves, "escola de guerra", mas alertava que elas ainda não seriam a própria guerra, apenas um dos meios da luta operária por sua emancipação.[7] O revolucionário russo fazia uma bela caracterização dos efeitos devastadores de uma greve sobre a sociedade capitalista e mesmo sobre os próprios trabalhadores:

---

5. Marx, Karl. *Miséria da filosofia* (na edição francesa). Citado por: Alves, Giovanni. Op. cit., p. 126.

6. Trotsky, Leon. Texto escrito em março de 1923. In: _____. *Escritos sobre sindicatos*. São Paulo: Kairós, 1978, p. 20.

7. Lênin, V. I. Texto escrito em 1899. In: _____. *Sobre os sindicatos*. São Paulo: Polis, 1979, p. 42.

Toda greve acarreta ao operário grande número de privações, além disso são terríveis que só podem comparar com as calamidades da guerra [...] E apesar de todas essas calamidades, os operários desprezam os que se afastam de seus companheiros e entram em conchavo com o patrão. [...] Amiúde, basta que se declare em greve uma fábrica para que imediatamente comece uma série de greves em muitas outras fábricas. Como é grande a influência moral das greves, como é contagiante a influência que exerce nos operários ver seus companheiros que, embora temporariamente, se transformam de escravos em pessoas com os mesmos direitos dos ricos! Toda greve infunde vigorosamente nos operários a ideia do socialismo: a ideia da luta de toda a classe operária por sua emancipação do jugo do capital.[8]

A luta sindical, apesar de limitada, cumpre um papel preponderante no avanço das consciências em direção ao socialismo e à solidariedade de classe. Devemos reconhecer que é impossível observar essas palavras de Lênin e não nos remetermos às greves de fins dos anos 1970 no ABC paulista e toda a sua influência país afora, assim como os estragos gerados para a classe dominante brasileira naquele momento.

Limites do sindicalismo

Apesar de concordarem sobre a importância dos sindicatos, todos os quatro autores analisados também concordam que a luta sindical tem limites e que não se pode separar a luta econômica da luta política mais geral. Engels, em seu trabalho supracitado, apontava para a pouca eficácia das greves por duas razões em especial. A primeira, pela quebra de solidariedade entre os operários, ocasionada pelos chamados *fura-greves*, promovida pela concorrência entre eles próprios; e a segunda, pela impotência das *trade unions* inglesas diante das crises cíclicas da economia capitalista, que ge-

---
8. Idem, p. 40.

ravam diminuição de salários, fechamento de fábricas, greves mais curtas até mesmo em função do esgotamento mais rápido dos fundos sindicais. A prática sindicalista se submeteria totalmente, segundo essa visão, ao movimento do capital.⁹

As lutas dos sindicatos eram consideradas por Engels como lutas meramente defensivas, em geral lutas locais, de caráter profissional, sem um caráter político propriamente dito, que não mudariam a condição geral da classe proletária, mas apenas de operários de algumas fábricas.¹⁰ Bem diferente para o autor eram as lutas associadas ao movimento cartista, pois esse sim era um movimento político que buscava representar os interesses de toda a classe trabalhadora.

Os limites do sindicalismo para Marx seguiam uma lógica muito próxima a de Engels. Para o primeiro esses limites estariam "postos pela sua natureza essencialmente defensiva, isto é, a luta pela elevação dos salários (ou contra a sua redução) [que] ocorre[ria] apenas como decorrência de modificações anteriores postas pelo movimento do capital".¹¹

Em *Salário, preço e lucro* — em que trava uma polêmica com o oweniano John Weston, muito semelhante a que havia travado com Proudhon — Marx expõe de forma mais nítida as limitações da luta meramente econômica desenvolvida pelos sindicatos na sociedade capitalista:

> Os operários não devem superestimar o resultado final dessa luta [sindical] quotidiana. Não podem esquecer que lutam contra os efeitos e não contra as causas desses efeitos, que o que fazem é refrear o movimento descendente, mas não alterar o seu rumo; que aplicam paliativos e não a cura da doença [...] Em vez da palavra de ordem conservadora "um salário justo por um dia de trabalho justo" devem inscrever na sua bandeira a palavra de ordem revolucionária: "abolição do salariado".

---

9. Alves, Giovanni. Op. cit., p. 45-46.
10. Idem, p. 49.
11. Idem, p. 207.

E, em outra passagem:

Os "sindicatos" atuam com utilidade como centros de resistência às usurpações do capital. Deixam em parte de atingir o seu objetivo quando utilizam a sua força de forma pouco inteligente. No entanto, deixam inteiramente de o atingir, quando se limitam a uma guerra de escaramuças, contra os efeitos do regime existentes, em vez de trabalharem, ao mesmo tempo, para a transformação e servirem-se da sua força organizada como de uma alavanca para a emancipação definitiva da classe trabalhadora, isto é, para a abolição definitiva do sistema de trabalho assalariado.[12]

As conquistas sindicais não podem iludir a classe trabalhadora a ponto desta minimizar o fato de que não houve mudanças no rumo do sistema de trabalho assalariado e que em pouco tempo essas conquistas já não serão percebidas e novas lutas deverão acontecer para buscar se obter as mesmas vitórias. A importância das organizações sindicais era destacada por Marx, como já salientamos, por impedir o avanço devastador da sanha do capital, porém, enquanto continuassem a lutar somente contra os efeitos do sistema e não efetivamente contra as suas causas, estariam caminhando em círculo e se omitiriam de apresentar uma contribuição mais relevante para a superação do trabalho assalariado.

Para enfrentar o capital, Marx considerava que os operários deveriam exercer uma *ação política geral*, fazendo uma pressão constante de fora do âmbito da relação meramente salarial, até porque na luta puramente econômica entre capital e trabalho, o primeiro tende a ser muito mais forte.

Em um mesmo sentido, Lênin enfatizava que a luta econômica não deveria ser a preocupação exclusiva no movimento operário. Para ele era equivocado supervalorizar greves vitoriosas porque "com as associações profissionais [...] dos operários e com as greves consegue-se apenas, no melhor dos casos, alcançar condições um pouco mais vantajosas para a venda da mercadoria chamada força de

---

12. MARX, Karl. *Salário, preço e lucro*. São Paulo: Global, 1988, p. 85-86.

trabalho". Essas associações e as greves não podiam ajudar quando a força de trabalho não fosse procurada em virtude da crise econômica, não podiam modificar as condições que convertiam a força de trabalho numa mercadoria e que condenavam as massas trabalhadoras às mais duras privações e desemprego. O que teria o poder de mudar essa situação negativa para o proletariado, na sua visão, era "a luta revolucionária contra todo o regime social e político atual".[13]

Para o principal líder da revolução russa, aquilo que os revolucionários afirmavam para a classe operária deveria ser exatamente o oposto do que dizia a burguesia. Enquanto esta tentava iludir o proletariado para que ele centralizasse a sua atenção principal nos sindicatos, os revolucionários preocupavam-se em alertar o proletariado — classe mais avançada e a única revolucionária até as últimas consequências — de que não deveria se restringir aos limites econômico-salariais da luta de classes puramente, sobretudo ao aspecto do movimento sindical, mas, pelo contrário, "tratar de ampliar os limites e o conteúdo da sua luta de classe até abranger nesses limites não só todas as tarefas da atual revolução democrático-popular russa, como também as tarefas da revolução socialista que há de segui-la".[14]

Nesse sentido, acreditava que a consciência social-democrata — que abrangeria a necessidade da revolução socialista como uma tarefa maior, e mais importante, do que a luta sindical — só poderia chegar até os operários a partir de fora, ou seja, a partir da influência do partido revolucionário. Isso era corroborado, de acordo com Lênin, pela história de todos os países até então, que demonstrava que "pelas próprias forças, a classe operária não pod[ia]chegar senão à consciência sindical, isto é, à convicção de que é preciso unir-se em sindicatos, conduzir a luta contra os patrões, exigir do governo essas ou aquelas leis necessárias aos operários etc.".[15]

Considerando também que o sindicato tem a sua importância, mas, devido às limitações da luta sindical, não passava de um co-

---

13. LÊNIN, V. I. Texto de junho de 1901. In: _____. Op. cit., p. 45.
14. LÊNIN, V. I. Texto de junho/julho de 1905. In: _____. Op. cit., p. 76.
15. LÊNIN, V. I. *Que fazer?* São Paulo: Hucitec, 1988, p. 24.

adjuvante na busca pela superação do trabalho assalariado — em que o partido revolucionário exerceria o papel principal —, Trotsky entendia que as associações sindicais, por seus objetivos, sua composição e o caráter de seu recrutamento, agregando todos que desejassem se organizar sindicalmente, independente da concepção política, não tinham um programa revolucionário acabado e, sendo assim, não poderiam substituir o partido.

Mesmo os sindicatos mais poderosos, na visão do autor da revolução permanente, não abarcariam mais do que 20% ou 25% da classe operária, predominando ainda nesse grupo as camadas mais qualificadas e mais bem pagas. Com isso, a maioria mais oprimida do proletariado só era arrastada para a luta episodicamente nos períodos de auge do movimento operário. Tudo isso fazia com que Trotsky concluísse que "os sindicatos não são um fim em si mesmos, são apenas meios que devem ser empregados na marcha em direção à revolução proletária".[16]

Ainda para esse autor, historicamente os sindicatos se formaram no período de surgimento e auge do capitalismo tendo por objetivo melhorar a situação material e cultural do proletariado, além de ampliar os seus direitos políticos. Na Inglaterra, por exemplo, ao longo de mais de um século de luta, muitos desses objetivos foram conquistados, o que deu aos sindicatos ingleses uma autoridade tremenda sobre os operários. No entanto, já na década de 1930 o revolucionário russo percebia que a decadência do capitalismo britânico, seguindo a mesma dinâmica do sistema capitalista mundial, havia minado as bases desse trabalho reformista dos sindicatos, pois o capitalismo só conseguia se manter rebaixando o nível de vida dos trabalhadores. Assim, os sindicatos se encontravam numa bifurcação: "pode[ria]m ou bem transformar-se em organizações revolucionárias ou converter[iam]-se em auxiliares do capital na crescente exploração dos operários".[17]

---

16. TROTSKY, Leon. *Programa de transição*. 1. ed., 1938. S/ed., s/d., p. 13-15.

17. TROTSKY, Leon. Texto escrito em setembro de 1933. In: _____. *Escritos sobre sindicatos*. Op. cit., p. 79.

Ao separar a luta econômica, e meramente sindical, da luta política mais geral, a maioria dos sindicatos, ao longo do século XX no Brasil e no mundo, deixaram de cumprir um papel, que apesar de limitado, era e é imprescindível para a luta socialista. A partir da leitura do *marxismo clássico*, é tarefa dos sindicalistas revolucionários atuais fazer esse balanço e encaminhar ações que procurem pôr em xeque o sistema capitalista como um todo, sem se limitar a lutar meramente contra os seus efeitos, mesmo que estes sejam bastante nefastos.

* * *

Ao final da década de 1980, o *novo* sindicalismo chegou ao seu momento derradeiro, deixando, nos anos seguintes, de lado bandeiras que julgava prioritárias, começando a apresentar propostas bem distintas das que propugnava no seu nascedouro e diminuindo a disposição para o conflito sindical, que talvez fosse uma de suas características mais marcantes. Por outro lado, por volta do ano 2000, pudemos observar uma Central Única dos Trabalhadores que pouco conseguia diferenciar-se da prática da Força Sindical, Central esta que quando surgiu foi logo adjetivada pelos cutistas e por setores da intelectualidade em nosso país de "sindicalismo de resultados". No seu congresso nacional de 1988, por exemplo, a CUT considerava Medeiros e Magri "agentes do capital no seio do movimento operário".[18]

Nos dois polos do período analisado neste trabalho, a Central Única apresentou pautas de reivindicações relativamente diferenciadas, que demonstravam a mudança de postura dessa organização. Em 1986, líamos o seguinte em suas resoluções congressuais: "O compromisso histórico da CUT: impulsionar a luta sindical dos trabalhadores, na perspectiva de construir uma sociedade socialista", ao lado de bandeiras como: salário mínimo real definido pelo DIEESE, exigência do congelamento de preços, estabilidade no

---

18. Resoluções do 3º Concut, p. 15, 1988.

emprego, redução da jornada de trabalho para 40 horas, reforma agrária radical sob controle dos trabalhadores e não pagamento da dívida externa.[19]

Já nas resoluções do congresso de 2000, vemos a intenção de que a Central se responsabilizasse por levar a outras entidades sindicais e populares a proposta de formalização de um programa nacional para substituir a orientação econômica atual, no qual esteja contido, entre outros itens: o rompimento com o FMI e contra o pagamento da dívida externa, a recomposição das perdas salariais, a reforma agrária, a necessidade de "investimentos públicos capazes de reanimar a economia brasileira, gerar empregos" e o estímulo à produção nacional.[20]

Apesar da reivindicação contrária à presença do Fundo Monetário Internacional em nossa economia não fazer parte das resoluções de 1986, é notória a diferença entre a pauta daquele ano e a de 2000. Além da defesa da reforma agrária não vir mais acompanhada da afirmação "sob controle dos trabalhadores", o centro no final do século XX, para essa organização sindical, passou a ser a busca em ser propositiva e indicar soluções para o crescimento da economia brasileira que, por sua vez, geraria mais emprego e aumentaria a renda dos trabalhadores. A perspectiva socialista, e de classe, nesse polo final de nossa pesquisa é algo praticamente imperceptível nos documentos cutistas, em que pese que ainda possamos observar nas últimas resoluções, frases como: "é indispensável que os trabalhadores adquiram a consciência de que só com a conquista de um novo regime social, o socialismo, estaremos no rumo de um caminho progressista...".[21]

É comum na literatura especializada percebermos a ideia de que o movimento sindical brasileiro vivia, nos anos 1980, uma fase praticamente oposta da que se vivenciava na Europa ocidental e nos Estados Unidos no mesmo período, pois enquanto nessas re-

---

19. Resoluções do 2º Concut, p. 6-11, 1986.
20. Resoluções do 7º Concut, p. 18, 2000.
21. Idem, p. 20.

giões diminuía o número de greves e de filiações sindicais, aqui se observava um ímpeto grevista ao longo de quase toda a década, a criação de centrais sindicais finalmente duradouras e bastante atuantes no cenário nacional e algumas categorias profissionais — como os metalúrgicos, os bancários e tantas outras — crescendo em termos de organização sindical e apresentando uma combatividade poucas vezes vista na história do movimento sindical em nosso país.

Mesmo que considere importante relativizar a tão falada crise do sindicalismo e também reduzir o peso geralmente concedido ao quantitativo de greves e filiações sindicais, procurei demonstrar que com dez anos de atraso esses aspectos, que caracterizariam a referida crise do sindicalismo, chegaram ao Brasil, junto com certas especificidades próprias do caso brasileiro, como: a mudança de postura da CUT e o surgimento da Força Sindical. E, fugindo um pouco dos padrões comumente seguidos pela bibliografia que estuda esse tema, analisei — para buscar uma melhor compreensão das origens de tal crise — tanto fatores objetivos quanto subjetivos.

No primeiro caso, verifiquei os impactos da reestruturação produtiva sobre o movimento sindical brasileiro que, de certa forma, ocasionaram estragos análogos aos que se pôde observar no sindicalismo dos países centrais do capitalismo. A busca pela produção enxuta, oriunda desse processo, fez irromper uma série de fatores que modificaram a face da classe trabalhadora em nosso país e em várias regiões do planeta: desemprego estrutural, trabalho em tempo parcial, temporário, terceirizado etc. Sem dúvida, essas mudanças atingiram em cheio o movimento sindical e prejudicaram as estratégias que vinham sendo adotadas até então.

Acredito, porém, que mais do que a reestruturação produtiva, fragilizou ainda mais o sindicalismo da CUT o fato dessa Central considerar esse processo como inexorável e se contentar a encontrar soluções para amenizar os seus efeitos negativos para os trabalhadores, identificando, por conseguinte, aspectos positivos nesse conjunto de transformações. Isso é algo que não condiz com a história do movimento operário mundial, que desde o período da revolução industrial lutou contra a as transformações tecnológicas e organizacionais impostas pelos capitalistas com o intuito de diminuir custos e aumentar lucros. Se não fosse dessa forma, pouquíssimas conquistas/direitos teriam sido obtidos até hoje.

Mas, na realidade, o que essa postura da CUT expressava era a concepção política do seu setor dirigente que levava as ações da Central a se restringirem aos limites estabelecidos pelo capital e não a buscar estender esses limites a horizontes não desejados por este.

Esse sindicalismo conformado à ordem deixou-se observar de forma nítida quando se atrelou de vez, confortavelmente, às teias do Estado, numa relação simbiótica que fez com que a bandeira da autonomia sindical fosse abandonada e não se bradasse mais pela necessidade de mudança da estrutura sindical varguista, a não ser por um caminho de maior centralização da estrutura pela cúpula dirigente da Central — o "sindicalismo orgânico".

Faz-se necessário aqui fazer a ressalva de que desde o primeiro governo de Lula, debate-se no Fórum Nacional do Trabalho e no Congresso Nacional um projeto que propõe uma Reforma Sindical, justamente na linha do que era defendido pela maioria da direção da CUT nos seus encontros nos anos noventa, sob a alcunha de "sindicato orgânico". Assim, propostas que se originaram no meio sindical cutista estão prestes a ganhar o *status* de lei que regerá as relações sindicais em todo país.

A CUT que, em suas origens, chegou a defender o socialismo em seus documentos e apresentava uma postura que tinha como norte o referencial da luta de classes, adentrou os anos 1990 se definindo gradativamente pela defesa de concepções liberais e pela valorização da cidadania em detrimento da luta de classes. Assim — a partir da dinâmica imposta pela corrente majoritária dessa Central, a Articulação —, surgem novos termos, como *sindicalismo propositivo* e *sindicalismo cidadão*, novas propostas para o país, como *desenvolvimento com distribuição de renda* e novos *slogans*, como *cidadania para todos*. Tudo isso dentro de uma concepção que considerava que o *direito a ter direitos* pudesse suplantar a desigualdade entre capital e trabalho, e até mesmo igualar esses personagens tão distintos.

Sem dúvida, é necessário levar em conta nessa análise a mudança na conjuntura do Brasil e do mundo na passagem entre as décadas de 1980 e 1990. O fim da ditadura militar em nosso país, a promulgação de uma nova Constituição, a conquista pelo Partido dos Trabalhadores de diversas prefeituras, a quase eleição de Lula à presidência, em 1989, o fim do *socialismo real*, uma nova estratégia dos Estados Unidos para a América Latina etc., são aspectos que indicavam a necessidade de se defender propostas um tanto distintas das que eram apresentadas na maior parte dos anos 1980. Contudo, não indicavam necessariamente que tivesse que ser propostas distantes do referencial da luta de classes, a menos que isso fosse um imperativo da concepção política própria de cada grupo.

A conjuntura brasileira no início da década de 1990 era favorável a uma prática sindical que desprivilegiasse o conflito — vide o surgimento, com um certo espaço no cenário do país, da Força Sindical. No entanto, o desgaste das políticas neoliberais e do próprio Plano Real fez surgir uma conjuntura bem diferente na segunda metade da década, na qual a CUT não se dispôs a se apresentar como representante direta dos setores contrários ao governo e ao capital, agindo, portanto, de forma bem distinta da postura que teve nos anos 1980.

Entretanto, acredito que a crítica à mudança de postura da CUT — que pôs fim ao *novo* sindicalismo — pode ter por alvo principal a Articulação, mas isso não isenta as outras correntes dessa Central da responsabilidade por também contribuir com a simplificação da análise, reduzindo-a a um embate com a corrente majoritária a respeito da melhor tática a ser adotada: *sindicalismo combativo* — a partir da defesa anacrônica da *CUT das origens* — contra *sindicalismo conciliador* — que a Articulação preferia *propositivo* e os seus opositores consideravam *"pelego"*. No fundo, era uma reedição do embate do início dos anos 1980 entre os autênticos e as Oposições sindicais, de um lado, e a Unidade Sindical, de outro.

Na minha visão, seria necessário abandonar essa análise superficial e aprofundar mais o debate, e as referências do que acima denominei *marxismo clássico* podem contribuir bastante para tanto. E é exatamente aqui que se percebe a importância da análise sobre os aspectos que influenciaram a subjetividade dos sindicalistas no período estudado. Entendo que o fim do *socialismo real* não causou necessariamente uma crise na consciência dos líderes sindicais, mas tão somente deixou nítida a confusão teórica que pairava sobre o conjunto do movimento sindical brasileiro — quiçá sobre o conjunto dos movimentos sociais —, e terminou por mostrar a muitos que suas certezas teóricas se assentavam sobre bases pouco sólidas.

É importante destacar que os documentos sindicais pesquisados não fazem análises mais aprofundadas sobre a crise do *socialismo real*. Isso demonstra, além da confusão teórica, o fato dessas correntes acreditarem que documentos sindicais devessem ser simplistas, superficiais, panfletários e seria desnecessária uma análise mais detida no âmbito teórico.

Tem uma enorme importância trazer à tona as análises que estavam nos *clássicos* sobre qual é o real papel que cumpre o sindicalismo dentro das engrenagens da sociedade capitalista. O capital aprendeu a conviver com os sindicatos e os trouxe para o seio do sistema. Dessa forma, o socialismo não será alcançado meramente a partir da ação sindical, pois essa ação é extremamente limitada; mas o sindicalismo pode tornar o socialismo muito mais próximo desde que rompa com os limites inerentes à sua ação, meramente econômica, e adentre o campo político, ou seja, desde que faça da luta sindical uma luta abrangente e que defenda conquistas para todos os trabalhadores, sem se restringir corporativamente à sua própria categoria profissional.

Nesse ponto é crucial esclarecer uma questão. Certamente, não é possível realizar uma análise que passe pelo fortalecimento dos movimentos sociais no Brasil nos anos 1980 sem enaltecer a participação da CUT e do PT. No entanto, esses dois atores acabaram articulando suas ações de maneira desvinculada. A CUT representava o braço sindical dos trabalhadores brasileiros, enquanto que o

PT, o braço político. E é justamente essa divisão entre o sindical e o político, tão bem arquitetada pelo capital desde o século XIX, que é criticada pelos *clássicos* como algo que enfraquece a luta da classe trabalhadora.

Articular o debate em torno da dicotomia *sindicalismo conciliador x sindicalismo combativo* pode gerar apenas mais confusão, já que sentar à mesa para negociar também faz parte da luta sindical. A questão é saber com qual poder de pressão e de mobilização se vai à negociação, assim como com qual visão sobre o outro negociador: classe oposta à sua ou cidadão como você?

Também nesse contexto podemos incluir o debate *reforma x revolução*. A segunda não se alcança sem a primeira. A questão aqui é saber se as reformas se limitam passivamente às fronteiras estabelecidas pelo capital ou se propõem a alargar essas fronteiras, com exigências reformistas impensáveis a princípio de serem concedidas pelo capital, o que tornará mais frágil o *status quo* vigente. A luta sindical é uma luta por reformas, mas pode ser — como acreditava o *marxismo clássico* — uma luta crucial que pode em muito contribuir para pôr fim ao sistema de trabalho assalariado, desde que não se restrinja a lutar meramente contra os efeitos deste sistema, mas contra as suas causas. Por outro lado, o sindicalismo não tem por si próprio o poder de destruir esse sistema.

Dessa maneira, concluo que os sindicatos ainda podem cumprir um papel importantíssimo na luta pela transformação dessa sociedade e para a construção do socialismo, mas isso só tem sentido se pensarmos num sindicalismo diferente deste que foi posto em prática pela CUT, em certo sentido já desde a sua origem, mas que resgate a referência que este tinha na luta de classes e que vislumbre ajudar a construir uma sociedade para além do capitalismo, como vimos que era destacado nos documentos cutistas, em especial, naqueles relativos ao congresso de 1986. Diante disso, vejo como irrealidade bradar simplesmente pelo retorno da *CUT das origens*, quando mesmo esses que fazem essa reivindicação nos últimos anos, na década de 1980 teciam críticas a diversas posturas cutistas, postas em prática pela Articulação.

E é precisamente nesse ponto que se coloca toda a atualidade do debate em torno da reorganização e da construção de uma nova Central em nosso país, que aglutine os setores descontentes com o rumo que a Articulação empreendeu à CUT, que empunhe bandeiras defendidas por essa Central que foram sendo esquecidas com o passar dos anos e que busque aprender com a teoria e a prática do *marxismo clássico*.

Bibliografia e fontes

FONTES

1. Jornais

O Globo, 5 maio 2003.

Jornal do Brasil, 4, 5, 10 e 11 nov. 19; 12 jan. 1990; 8, 9 e 23 jan. 1993; 25 dez. 1994; 12, 19, 26 e 28 jan. 1996.

Folha de S.Paulo, 8 nov. 1992; 18 mar. 1993.

Exame, 21 ago. 1991.

Veja, 15 nov. 1989; 31 dez. 1989; 4 set. 1991.

2. Fontes sindicais e político-partidárias

Um acordo histórico. 2. ed. Sindicato dos Metalúrgicos do ABC, jun. 1993.

Boletim Dieese, dez. 1983; jan. 1985; n. 144, mar. 1993; n. 186, set. 1996.

Boletim Nacional, CUT, São Bernardo do Campo, n. 1, maio 1985; CUT, n. 11, mar. 1987; CUT, Resoluções do 3º Congresso Nacional da Central Única dos Trabalhadores, n. 21, set. 1988.

1º Congresso Nacional da Classe Trabalhadora, CUT, 1984.

Caderno de Teses, e emendas do 2º Congresso Nacional dos Metalúrgicos/ CUT, mar. 1992; do 4º Concut, set. 1991; do 9º Cecut, Rio de Janeiro, 1997.

Carta do Conclat de Praia Grande, 1983. In: *Boletim Dieese*, dez. 1983.

Cenários RH-Sindical, n. 3, jul. 1988.

A Classe Operária, órgão informativo do PCdoB, n. 57, 1º fev. 1991; n. 59, 22 mar. 1991; n. 64, 5-18 ago.1991; n. 65, 19 ago. a 3 set. 1991; 11-24 nov. 1991

Comissão Nacional Pró-CUT. *Tudo sobre o 1º Conclat a caminho da Central Única*, 1981.

Construir. Voz dos trabalhadores. Da Ação Católica Operária (ACO). Recife, n. 9, out. 1980.

Dez Motivos para não Concordarmos com a Proposta de Acordo da Câmara Setorial. Sindicato dos Metalúrgicos de Campinas e São José dos Campos.

Emendas ao Texto da Direção Nacional ao 6º Concut, 1997.

Emprego e Renda. São Paulo: Desep/CUT, n. 3, maio 2000.

Em tempo, n. 241, dez. 1989; n. 242, fev. 1990; n. 250, abr. 1991; publicação da Democracia Socialista. Tendência interna do PT, ano 1, n. 1, abr. 2004.

Especial CUT, jornal especial sobre a proposta da CUT para a reforma sindical e trabalhista, nov. 2003.

Informacut, n. 116, 6-13 set. 1990; n. 118, 20-27 dez. 1990.

Jornal da Campanha, Sindicato dos Metalúrgicos de Campinas, Americana, Sumaré, Valinhos, Indaiatuba, Monte-Mor, Nova Odessa, Paulínea e Hortolândia. Extra/mar. 1993.

Jornal da Convergência Socialista, n. 142, 23-29 set. 1987; 20-26 jul. 1989; n. 1, 1989; n. 3, 1989; n. 4, 1989; n. 6, 1989; n. 8, 1991; n. 13, 1991; n. 14, 1991; n. 16, 1991; n. 17, 1991; n. 18, 1991; n. 19, 1991.

Jornal da Força, informativo da Força Sindical, jun. 1992.

Jornal do Metalúrgico, órgão informativo do Sindicato dos Metalúrgicos de São José dos Campos, Caçapava, Jacareí, Santa Branca e Igaratá, 26 mar. a 1º abr. 1993; 18-21 abr. 1993; 28 abr. a 2 maio 1993.

Opinião Socialista, n. 40, 15- 28 ago. 1997; n. 164, 3 dez. 2003 a 28 jan. 2004; n. 183, 22-28 jul. 2004.

Partido dos Trabalhadores. Resoluções de encontros e congressos. São Paulo: Fundação Perseu Abramo, 1998.

Reestruturação do Complexo automotivo Brasileiro — As propostas dos trabalhadores na câmara setorial. Sindicato dos Metalúrgicos de São Bernardo do Campo e Diadema. Março de 1992.

Relatório Geral das resoluções do Congresso Nacional da Classe Trabalhadora. São Bernardo do Campo, 1983, CUT.

Resoluções do 1º Congresso Nacional da Classe Trabalhadora. São Bernardo do Campo, ago. 1983.

_____ 6º Cecut, Rio de Janeiro, 1990.

_____ 1º Concut, São Bernardo do Campo, agosto de 1984.

_____ 2º Concut, 1986.

_____ 3º Concut, 1988.

_____ 4º Concut, 1991.

_____ 5º Concut, 1994.

_____ 6º Concut, 1997. Disponível em: <www.cut.org.br>.

_____ 7º Concut, 2000.

Revista *Debate Sindical*, n. 1, maio 1986.

Revista *Debate Sindical*, n. 34, jun./jul./ago. 2000.

Revista *Princípios*, n. 17, jun. 1989.

Revista *Princípios*, n. 31, nov./dez. 1993 e jan. 1994.

Revista *Teoria e Debate*, n. 8, 1989. Artigo de Glauco Arbix.

Revista *Teoria e Debate*, n. 10, maio 1990.

Revista *Teoria e Debate*, n. 13, 1991. Entrevista com Lula.

Tese da Alternativa Sindical Socialista ao 9º Cecut, Rio de Janeiro, 1997.

Tese da Articulação ao 1º Congresso do PT, 1991.

Tese da Articulação Sindical. 6º Cecut, Rio de Janeiro, 1990.

Tese da CUT Pela Base ao 6º Cecut, Rio de Janeiro, 1990.

Tese da Executiva Estadual ao 3º Cecut, São Paulo, sem data.

Tese da Executiva Nacional ao 2º Concut, 1986.

Tese do Sindicato dos Metalúrgicos de Belo Horizonte e Contagem e Sindicato da Construção Civil de São Bernardo do Campo ao 1º Congresso da CUT, 1984.

Tese-resumo da Democracia e Luta ao 3º Concut, 1988.

Teses a serem apresentadas no 1º Encontro dos Trabalhadores contra a Estrutura Sindical. Rio de Janeiro, Sem data. Com assinaturas ilegíveis.

Teses do MTS para o 7º Concut, 2000.

Teses para o 9º Cecut, Rio de Janeiro, 1997.

Teses para o 4º Concut, 1991.

Textos para debate da 5ª Plenária Nacional da CUT, 1992.

Textos da Direção Nacional ao 6º Concut, 1994.

Textos para debate da 6ª Plenária Nacional da CUT, 1993.

Textos para debate da 7ª Plenária Nacional da CUT, 30 de agosto a 2 de setembro de 1995.

Textos para debate da 8ª Plenária Nacional da CUT, agosto de 1996.

Texto da Direção Nacional da CUT ao 6º Concut, CUT 2000: Emprego, terra, salário e cidadania para todos.

Tribuna Metalúrgica, informativo diário do Sindicato dos Metalúrgicos de São Bernardo do Campo e Diadema, 16 jan. 1992/7 fev. 1992/12 mar. 1992.

Tudo sobre o 1º Conclat. *A caminho da Central Única*. São Paulo: outubro de 1981.

Um projeto para o Brasil — A proposta da Força Sindical. Coordenação Geral da Força Sindical. São Paulo: Geração Editorial, 1993.

Uma proposta democrática, de massas e socialista para o PT, 1986.

REFERÊNCIAS BIBLIOGRÁFICAS

ABREU, Alice R. de P.; SORJ, Bila; RAMALHO, José Ricardo. Terceirização, precarização e ação sindical. In: VILLAS-BOAS, Gláucia; GONÇALVES, Marco Antônio. *O Brasil na virada do século*. Rio de Janeiro: Relume-Dumará, 1995. (Debate dos Cientistas Sociais.)

ALMEIDA, Gelsom Rozentino. *História de uma década quase perdida*: 1979-1989. Tese (Doutorado) — Universidade Federal Fluminense, Niterói, 2000.

ALMEIDA, Maria Hermínea T. de. O sindicalismo brasileiro entre a conservação e a mudança. In: SOCIEDADE E POLÍTICA NO BRASIL PÓS-64. São Paulo: Brasiliense, 1984.

_____. *Crise econômica e interesses organizados*: o sindicalismo no Brasil dos anos 1980. São Paulo: Edusp/Fapesp, 1996.

ALVARES, Sonia E.; DAGNINO, Evelina; ESCOBAR, Arturo (Orgs.). *Cultura e política nos movimentos sociais latino-americanos novas leituras*. Belo Horizonte: Ed. da UFMG, 2000.

ALVES, Giovanni. Nova ofensiva do capital, crise do sindicalismo e as perspectivas do trabalho: o Brasil dos anos 90. In: TEIXEIRA, Francisco J. S.; OLIVEIRA, Manfredo de Araújo. *Neoliberalismo e reestruturação produtiva*. Fortaleza: UECE; São Paulo: Cortez, 1996.

_____. *Limites do sindicalismo*: crítica da economia política. Bauru: Projeto Editorial Práxis, 2003.

ANDERSON, Perry. *O fim da história*: de Hegel a Fukuyama. Rio de Janeiro: Jorge Zahar, 1992.

ANTUNES, Ricardo. *Adeus ao trabalho?* Ensaio sobre as metamorfoses e a centralidade do mundo do trabalho. São Paulo: Cortez; Campinas: Ed. Unicamp, 1997.

_____. *O novo sindicalismo no Brasil*. Campinas: Pontes, 1995.

_____ (Org.). *Neoliberalismo, trabalho e sindicatos*: reestruturação produtiva no Brasil e na Inglaterra. São Paulo: Boitempo, 1997.

_____. *A rebeldia do trabalho*. O confronto operário no ABC paulista: as greves de 1978/80. Campinas: Ed. Unicamp, 1992.

ANTUNES, Ricardo. *Os sentidos do trabalho*: ensaio sobre a afirmação e a negação do trabalho. São Paulo: Boitempo, 1999.

_____. A metamorfose do mundo do trabalho e os desafios para o sindicalismo. *Caderno Aduff*, n. 3, 1995.

_____. A "Terceira Via" de "Tory" Blair: a outra face do neoliberalismo inglês. *Outubro*, n. 3, 1999.

ARBIX, Glauco. *Uma aposta no futuro*: os primeiros anos da Câmara Setorial da indústria automobilística. São Paulo: Scritta, 1996.

ARCARY, Valerio. *As esquinas perigosas da história*: situações revolucionárias em perspectiva marxista. São Paulo: Xamã, 2004.

ARISTÓTELES. *Políticas*. São Paulo: Nova Cultural, 1999. (Col. Os pensadores.)

BATISTA JR., Paulo Nogueira. *Mitos da globalização*. Rio de Janeiro: Ed. Perez, 1998.

BERNARDO, João. *Transnacionalização do capital e fragmentação dos trabalhadores*: ainda há lugar para os sindicatos? São Paulo: Boitempo, 2000.

BEYNON, Huw. A classe acabou? Reflexões sobre um tema controverso. *Revista de Ciências Sociais*, Rio de Janeiro, v. 39, n. 2, 1996.

_____. A destruição da classe operária inglesa? *Revista Brasileira de Ciências Sociais*, n. 27, fev. 1995.

BIHR, Alain. *Da grande noite à alternativa*: o movimento operário europeu em crise. São Paulo: Boitempo, 1999.

BLASS, Leila M. da Silva. Novo sindicalismo: persistência e descontinuidade. In: RODRIGUES, Iram Jácome. *O novo sindicalismo, vinte anos depois*. Petrópolis: Vozes, 1999.

BOITO JR., Armando (Org.). *O sindicalismo brasileiro nos anos 80*. Rio de Janeiro: Paz e Terra, 1991.

BORGES, Célia Regina Congilio. A atual reestruturação produtiva e as lutas sociais: enfrentando ideologias. *Lutas Sociais*, São Paulo: Neils, n. 6, 1999.

BOTTOMORE, Tom (Ed.). *Dicionário do pensamento marxista*. Rio de Janeiro: Jorge Zahar, 2001.

BRAGA, Ruy. Luta de classes, reestruturação produtiva e hegemonia. In: KATZ, Cláudio; COGGIOLA, Osvaldo; BRAGA, Ruy. *Novas tecnologias*: crítica da atual reestruturação produtiva. São Paulo: Xamã, 1995.

BRENNER, Robert. *A crise emergente do capitalismo mundial*: do neoliberalismo à depressão? *Outubro*, n. 3, 1999.

BRESCIANI, Luís Paulo. Reestruturação industrial e negociação coletiva: o sindicalismo brasileiro vai à luta? In: MARTINS, Heloísa de Souza; RAMALHO, José Ricardo. *Terceirização*: diversidade e negociação no mundo do trabalho. São Paulo: Hucitec, 1994.

_____. Os desejos e o limite: reestruturação industrial e ação sindical no complexo automotivo brasileiro. In: LEITE, Márcia de Paula (Org.). *O trabalho em movimento*: reestruturação produtiva e sindicatos no Brasil. Campinas: Papirus, 1997.

_____. Os desejos e o limite: reestruturação industrial e ação sindical no complexo automotivo brasileiro. In: LEITE, Márcia de Paula (Org.). *O trabalho em movimento*: reestruturação produtiva e sindicatos no Brasil. Campinas: Papirus, 1997.

CARDOSO, Adalberto M. *A década neoliberal e a crise dos sindicatos no Brasil*. São Paulo: Boitempo, 2003.

_____; COMIN, Álvaro Augusto. Câmaras Setoriais, modernização produtiva e democratização nas relações de trabalho no Brasil: a experiência do setor automobilístico. In: VILLAS-BOAS, Gláucia; GONÇALVES, Marco Antônio. *O Brasil na virada do século*: debate dos cientistas sociais. Rio de Janeiro: Relume-Dumará, 1995.

_____; RODRIGUES, Leôncio M. *Força Sindical*: uma análise sociopolítica. Rio de Janeiro: Paz e Terra, 1993.

CARVALHO, José Murilo de. *Cidadania no Brasil*: o longo caminho. Rio de Janeiro: Civilização Brasileira, 2003.

CARVALHO, José Reinaldo. Os efeitos do revisionismo sobre a luta revolucionária. *Revista Princípios*, n. 17, jun. 1989.

CAVIGNATO, Osvaldo Rodrigues et al. *Globalização e setor automotivo*: a visão dos trabalhadores. Sindicato dos Metalúrgicos de São Bernardo do Campo, CUT-Dieese, São Bernardo do Campo, ago. 1996.

CAWSON, Alan. *Corporatism and political theory*. [S/l.]: Basil Blackwell, 1986.

CHESNAIS, François. *A mundialização do capital*. São Paulo: Xamã, 1996.

_____ (Coord.). *A mundialização financeira*: gênese, custos e riscos. São Paulo: Xamã, 1998.

COGGIOLA, Osvaldo. Sobre sindicato orgânico e contrato coletivo de trabalho. *Revista Universidade e Sociedade*, Andes, n. 10 [versão em CD--ROM].

COMIN, Álvaro Augusto. A experiência de organização das centrais sindicais no Brasil. In: OLIVEIRA, Carlos Alberto et al. *O mundo do trabalho*: crise e mudança no final do século. São Paulo: Scritta/Cesit, 1994.

CONCEIÇÃO, Octávio A. C. A escola da regulação. In: CATTANI, Antonio David. *Trabalho e tecnologia*: dicionário crítico. Porto Alegre: Ed. da UFRGS, 1997.

CORRÊA, Maíra Baumgarten. Reestruturação produtiva e industrial. In: CATTANI, Antonio David. *Trabalho e tecnologia*: dicionário crítico. Porto Alegre: Ed. da UFRGS, 1997.

COSTA, Helio da. *Em busca da memória*: comissão de fábrica, partido e sindicato no pós-guerra. São Paulo: Scritta, 1995.

COSTA, Vanda Maria Ribeiro. Corporativismo societal: interesse de classe *versus* interesse setorial. In: DAGNINO, Evelina. *Os anos 90*: política e sociedade no Brasil. São Paulo: Brasiliense, 1994.

COUTINHO, Carlos Nelson. *Gramsci*: um estudo sobre seu pensamento político. 2. ed. Rio de Janeiro: Civilização Brasileira, 2003.

DIAS, Edmundo Fernandes. "Reestruturação produtiva": forma atual da luta de classes. *Outubro*, São Paulo, n. 1, maio 1998.

_____. Cidadania e racionalidade de classe. *Revista Universidade e Sociedade*, Andes, n. 11 [versão em CD-ROM].

ENGELS, Friedrich. A origem da família, da propriedade privada e do estado. 13. ed. Rio de Janeiro: Bertrand Brasil, 1995.

FERNANDES, Luis. Perestroika: nova fase de integração no mercado capitalista mundial. *Revista Princípios*, n. 17, jun. 1989.

FERNANDES, Luis. *O enigma do socialismo real*: um balanço crítico das principais teorias marxistas e ocidentais. Rio de Janeiro: Mauad, 2000.

FONTANA, Bendetto. Hegemonia e nova ordem mundial. In: COUTINHO, Carlos Nelson; TEIXEIRA, Andréa Paula (Orgs.). *Ler Gramsci, entender a realidade*. Rio de Janeiro: Civilização Brasileira, 2003.

FRANÇA, Teones Pimenta de. A lógica do pacto: do ABC paulista para Brasília. *Outubro*, São Paulo: IES, n. 8, 2003.

GALVÃO, Andréa. A CUT na encruzilhada: impactos do neoliberalismo sobre o movimento sindical combativo. *Revista Ideias*, Campinas: Ed. Unicamp, ano 9, n. 1, 2002.

GIANOTTI, Vito. *A liberdade sindical no Brasil*. São Paulo: Brasiliense, 1987.

_____. *O que é estrutura sindical?* São Paulo: Brasiliense, 1988.

_____. *Força Sindical*: a Central neoliberal — de medeiros a Paulinho. Rio de Janeiro: Mauad, 2002.

_____. *CUT, ontem e hoje*: o que mudou das origens ao IV Concut. Petrópolis: Vozes, 1991.

_____; NETO, Sebastião. *Para onde vai a CUT?* São Paulo: Scritta, 1993.

GOMES, Ângela de Castro. *Cidadania e direitos do trabalho*. Rio de Janeiro: Jorge Zahar, 2002.

GORENDER, Jacob. *Combate nas trevas*: a esquerda brasileira — das ilusões perdidas à luta armada. São Paulo: Ática, 1987.

_____. *Marxismo sem utopia*. São Paulo: Ática, 2000.

GORZ, Andre. *Adeus ao proletariado*: para além do socialismo. Rio de Janeiro: Forense, 1982.

GOUNET, Thomas. *Fordismo e toyotismo na civilização do automóvel*. São Paulo: Boitempo, 1999.

GRAMSCI, Antonio. *Maquiavel, a política e o estado moderno*. Rio de Janeiro: Civilização Brasileira, 1976.

_____. *Cadernos do cárcere*. Rio de Janeiro: Civilização Brasileira, 2000. v. 3.

HARVEY, David. *Condição pós-moderna*. São Paulo: Loyola, 1992.

HAYEK, Friedrich. *O caminho da servidão*. 5. ed. Rio de Janeiro: Instituto Liberal, 1990.

HOBSBAWM, Eric. *Mundos do trabalho*. Rio de Janeiro: Paz e Terra, 1987.

_____. Adeus a tudo aquilo. In: BLACKBURN, Robin (Org.). *Depois da queda*: o fracasso do comunismo e o futuro do socialismo. Rio de Janeiro: Paz e Terra, 1993.

_____. A crise atual das ideologias. In: SADER, Emir (Org.). *O mundo depois da queda*. Rio de Janeiro: Paz e Terra, 1995.

HOLLOWAY, John; PELÁEZ, Eloína. Aprendendo a curvar-se: pós-fordismo e determinismo tecnológico. *Outubro*, São Paulo, maio, n. 2, 1998.

KURZ, Robert. *O colapso da modernização*: da derrocada de caserna à crise da economia mundial. 4. ed. Rio de Janeiro: Paz e Terra, 1996.

LARANGEIRA, Sonia M. G. Fordismo e pós-fordismo, volvoísmo e círculos de controle de qualidade. In: CATTANI, Antonio David (Org.). *Trabalho e tecnologia*: dicionário crítico. Porto Alegre: Ed. da UFRGS, 1997.

LEITE, Márcia de Paula. Reestruturação produtiva, novas tecnologias e novas formas de gestão de mão de obra. In: OLIVEIRA, Carlos Alonso de et al. (Orgs.). *O mundo do trabalho, crise e mudança no final do século*. São Paulo: Cesit/Scritta, 1994.

_____. Reestruturação produtiva e sindicatos: o paradoxo da modernidade. In: _____ (Org.). *O trabalho em movimento*: reestruturação produtiva e sindicatos no Brasil. Campinas: Papirus, 1997.

LÊNIN, V. I. *Sobre os sindicatos*. São Paulo: Polis, 1979.

_____. *O estado e a revolução*. São Paulo: Hucitec, 1983.

_____. *Que fazer?* São Paulo: Hucitec, 1988.

MANDEL, Ernest. *O capitalismo tardio*. São Paulo: Nova Cultural, 1985.

MARTINS, José. *Os limites do irracional*: globalização e crise econômica mundial. São Paulo: Editora Fio do Tempo, 1999.

_____. Globalização e greve na General Motors. *Lutas Sociais*, Neils/PUC-SP, n. 5, 1998.

MARTINS, Umberto. Particularidades e caráter de classe do revisionismo soviético. *Revista Princípios*, n. 17, jun. 1989.

MARX, Karl. *O capital*. Rio de Janeiro: Civilização Brasileira, 1968. Livro I, v. 1.

_____. *O capital*. Rio de Janeiro: Bertrand Brasil, 1991. Livro III, v. 5.

_____. *Crítica ao programa de Gotha*. Rio de Janeiro: Livraria Ciência e Paz, 1984.

_____. *A ideologia alemã*. São Paulo: Moraes, 1984.

_____; ENGELS, Friedrich. O Manifesto do Partido Comunista. Rio de Janeiro: Vozes, 1996.

MATTOS, Marcelo Badaró. *Novos e velhos sindicalismos no Rio de Janeiro (1955-1988)*. Rio de Janeiro: Vício de Leitura, 1999.

_____. Políticas nacionais e poder sindical: uma perspectiva comparada. In: MENDONÇA, Sonia; MOTTA, Márcia. *Nação e poder*: as dimensões da história. Niterói: Ed. da UFF, 1998.

_____. Entregando a mão para não perder os dedos: o sindicalismo brasileiro e o desemprego. *Outubro*, São Paulo, n. 1, 1998.

_____. *Classes sociais e luta de classes*. In: _____ (Org.) *História, pensar e fazer*. Rio de Janeiro: Laboratório de Dimensões da História, UFF, 1998.

_____. Trabalhadores e sindicatos no Brasil de hoje: os dilemas da CUT. *Plural*, n. 11, set. 1999.

_____. *Trabalhadores e sindicatos no Brasil*. Rio de Janeiro: Vício de Leitura, 2002.

_____. A CUT hoje e os dilemas da adesão à ordem. *Outubro*, n. 9, 2003.

MATTOSO, Jorge Eduardo L. *A desordem do trabalho*. São Paulo: Scritta, 1995.

_____. O novo e inseguro mundo do trabalho nos países avançados. In: OLIVEIRA, Carlos Alonso de et al. (Orgs.). *O mundo do trabalho, crise e mudança no final do século*. São Paulo: Cesit/Scritta, 1994.

McILROY, John. O inverno do sindicalismo. In: ANTUNES, Ricardo (Org.). *Neoliberalismo, trabalho e sindicatos*: reestruturação produtiva no Brasil e na Inglaterra. São Paulo: Boitempo, 1997.

MÉSZÁROS, István. *Século XXI*: socialismo ou barbárie? São Paulo: Boitempo, 2003.

MÉSZÁROS, István. *Para além do capital.* São Paulo: Boitempo; Campinas: Ed. Unicamp, 2002.

MILIBAND, Ralph. *Socialismo e ceticismo.* Bauru: Edusc/Unesp, 2000.

MOIA, Sergio. Efeitos das mudanças do trabalho sobre a organização sindical dos trabalhadores: o debate italiano. *Andes,* n. 19 [versão para CD-ROM].

MOISÉS, José Álvaro. A estratégia do novo sindicalismo. *Revista de Cultura e Política,* Rio de Janeiro: Paz e Terra, n. 5/6, 1981.

MOURIAUX, René. O sindicalismo dos países industrializados em fins dos anos 1970: efetivos, estruturas e estratégias. In: SANTANA, Marco Aurélio; RAMALHO, José R. *Além da fábrica*: trabalhadores, sindicatos e a nova questão social. São Paulo: Boitempo, 2003.

NEGRO, Antonio. Nas origens do "novo sindicalismo", o maio de 59, 68 e 78 na indústria automobilística. In: RODRIGUES, Iram Jácome (Org.). *O novo sindicalismo vinte anos depois.* Petrópolis: Vozes, 1999.

NORONHA, Eduardo Gariti. Greves e estratégias sindicais no Brasil. In: _____. *O mundo do trabalho, crise e mudança no final do século.* São Paulo: Cesit/Scritta, 1994.

_____. A explosão das greves na década de 80. In: BOITO JR., Armando. *O sindicalismo brasileiro nos anos 80.* Rio de Janeiro: Paz e Terra, 1991.

O'DONNEL, Guillermo. Transições, continuidades e alguns paradoxos. In: REIS, Fabio Wanderley (Org.). *A democracia no Brasil*: dilemas e perspectivas. São Paulo: Vértice, 1988.

OFFE, Claus. Trabalho como categoria sociológica fundamental? In: _____. *Trabalho e sociedade.* Rio de Janeiro: Tempo Brasileiro, 1989. v. 1.

_____. *Capitalismo desorganizado.* São Paulo: Brasiliense, 1989.

OLIVEIRA, Erson Martins de. A greve da General Motors Corp. expressou a agudização da crise capitalista. *Lutas Sociais,* Neils/PUC-SP, n. 5, 1998.

OLIVEIRA, Francisco de. *Os direitos do antivalor a economia política da hegemonia imperfeita.* Petrópolis: Vozes, 1998.

_____. *Crítica à razão dualista*: o ornitorrinco. São Paulo: Boitempo, 2003.

RAMALHO, José Ricardo. Precarização do trabalho e impasses da organização coletiva no Brasil. In: ANTUNES, Ricardo (Org.). *Neoliberalismo, trabalho e sindicatos*: reestruturação produtiva no Brasil e na Inglaterra. São Paulo: Boitempo, 1997.

_____; SANTANA, Marco Aurélio (Orgs.). *Além da fábrica, trabalhadores, sindicatos e a nova questão social*. São Paulo: Boitempo, 2003.

REIS, Daniel Aarão. *A revolução faltou ao encontro*: os comunistas no Brasil. São Paulo: Brasiliense, 1990.

RIEDEL, Ulisses. Legislação e sindicatos. *Revista Universidade e Sociedade*, Andes, n. 18 [versão em CD-ROM].

RODRIGUES, Iram Jácome. *Sindicalismo e política*: a trajetória da CUT. São Paulo: Scritta, 1997.

RODRIGUES, Leôncio Martins. *CUT*: os militantes e a ideologia. Rio de Janeiro: Paz e Terra, 1990.

SALERNO, Mário Sérgio. Produção e participação: CCQ e kanban: numa nova imigração japonesa. In: FLEURY, Maria Thereza L.; FISCHER, Rosa M. (Orgs.). *Processo e relações de trabalho no Brasil*. São Paulo: Atlas, 1985.

SANTANA, Marco Aurélio. Política e história em disputa: o "novo sindicalismo" e a ideia de ruptura com o passado. In: RODRIGUES, Iram Jácome (Org.). *O novo sindicalismo, vinte anos depois*. Petrópolis: Vozes, 1999.

SANTOS, Ariovaldo de Oliveira. O novo modelo americano: dos empregos McDonald's à greve dos *teamsters*. *Lutas Sociais*, São Paulo: Neils, n. 6, 1999.

SCALETSKY, Eduardo Carnos. *O patrão e o petroleiro*: um passeio pela história do trabalho na Petrobras. Rio de Janeiro: Relume-Dumará, 2003.

SCHÜMANN, Betina. *Sindicalismo e democracia*: os casos do Brasil e do Chile. Brasília: Ed. da UnB, 1998.

SEGRILLO, Ângelo. *O declínio da URSS*: um estudo das causas. Rio de Janeiro/São Paulo: Record. 2000.

SERVAIS, Jean-Michel. O acordo social para o emprego. In: SEMINÁRIO INTERNACIONAL — RELAÇÕES DE TRABALHO: ASPECTOS JURÍDICOS, SOCIAIS E ECONÔMICOS, *Anais...*, Brasília, MTb, Sex, 1998.

SILVA, Fernando Teixeira da. *A carga e a culpa*: os operários das docas de Santos — Direitos e cultura de solidariedade. São Paulo: Hucitec/Prefeitura Municipal de Santos, 1995.

SILVA, Lorena Holzmann da. Novas tecnologias. In: CATTANI, Antonio David. *Trabalho e tecnologia*: dicionário crítico. Porto Alegre: Ed. da UFRGS, 1997.

SINGER, Paul; SOUZA, André Ricardo de (Orgs.). *A economia solidária no Brasil*: a autogestão como resposta ao desemprego. São Paulo: Contexto, 2000.

SOARES, José de Lima. Para onde vai o mundo do trabalho? Crise e perspectivas do movimento sindical. In: DIAS, Edmundo Fernandes et al. *A ofensiva neoliberal, reestruturação produtiva e luta de classes*. Brasília: Sindicato dos Eletricitários de Brasília, 1996.

TEIXEIRA, Francisco J. S. *O neoliberalismo em debate*. In: _____; OLIVEIRA, Manfredo de Araújo (Orgs.). *Neoliberalismo e reestruturação produtiva*. Fortaleza: UECE; São Paulo: Cortez, 1996.

_____. Notas para uma crítica do fim da sociedade do trabalho. In: DIAS, Edmundo Fernandes et al. (Orgs.). *A ofensiva neoliberal, reestruturação produtiva e luta de classes*. Brasília: Sindicato dos Eletricitários de Brasília, 1996.

THOMPSON, E. P. *A formação da classe operária inglesa*. Rio de Janeiro: Paz e Terra, 1987. v. 1, 2 e 3.

TROTSKY, Leon. *A revolução traída*. São Paulo: Global, 1980.

_____. *Em defesa do marxismo*. São Paulo: Proposta Editorial, [s.d.].

_____. *Programa de transição*. S/referências.

_____. *Escritos sobre sindicatos*. São Paulo: Kairós, 1978.

TUMOLO, Paulo Sérgio. *Da contestação à conformação*: a formação sindical da CUT e a reestruturação capitalista. Campinas: Ed. Unicamp, 2002.

_____. Algumas observações sobre classe e "falsa consciência". In: NEGRO, Antonio Luigi; SILVA, Sergio (Orgs.). *Texto Didádicos* — As peculiaridades dos ingleses e outros artigos, Campinas, Ed. Unicamp, n. 10, v. 2, fev. 1998.

TRÓPIA, Patrícia Vieira. A adesão da Força Sindical ao neoliberalismo. *Revista Ideias*, Campinas, Ed. Unicamp, ano 9, n. 1, 2002.

WEFFORT, Francisco. Origens do sindicalismo populista no Brasil: a conjuntura do após-guerra. *Estudos Cebrap*, São Paulo, n. 4, 1973.

WEFFORT, Francisco. Democracia e movimento operário: algumas questões para a história do período 1945-1964. *Cedec*, revista de cultura contemporânea, São Paulo, n. 1, 1978.

WEISS, Manfred. Políticas para a promoção do emprego. In: SEMINÁRIO INTERNACIONAL — RELAÇÕES DE TRABALHO: ASPECTOS JURÍDICOS, SOCIAIS E ECONÔMICOS, *Anais*..., Brasília, MTb, Sex, 1998.

WELMOWICKI, José. *Cidadania ou classe?* O movimento operário na década de 80. São Paulo: Ed. Instituto José Luis e Rosa Sundermann, 2004.

WOOD, Ellen Meiksins. *Democracia contra o capitalismo*: a renovação do materialismo histórico. São Paulo: Boitempo, 2003.

XAVIER, Guilherme G. de F. Modelo italiano. In: CATTANI, Antonio David. *Trabalho e tecnologia*: dicionário crítico. Porto Alegre: Ed. da UFRGS, 1997.

ZACARIA JR., Carlos. Gramsci: mais um antitrotskista? *Outubro*, São Paulo, IES, v. 1, n. 10, 2004.

ZARPELON, Sandra Regina. ONGs, movimento sindical e o novo sindicalismo utópico. *Revista Ideias*, Campinas, Ed. Unicamp, ano 9, n. 1, 2002.